专家型教师
成长规律与培育机制

徐 红 著

The Growth Law and
Cultivation Mechanism of Expert Teachers

科 学 出 版 社
北 京

内 容 简 介

本书是一本系统阐述教师专业成长规律与培育机制的著作。本书紧紧围绕"专家型教师成长规律与培育机制"这一主线,在界定"教师成长规律"及"教师培育机制"等概念的基础上,首先探讨了专家型教师成长与培育研究的理论基础;其次,立足深度访谈的资料,对专家型教师的成长个案进行了剖析;再次,运用德尔菲法、文献法和逻辑思辨法等综合研究方法对专家型教师的成长规律进行了探讨;最后,借助已有文献及逻辑分析对专家型教师的培育机制进行了探索。

本书适合教师教育及相关领域的研究者、中小学校长、教育行政决策者参阅,关注自我职业成长的中小学教师亦可从中有所收获。

图书在版编目(CIP)数据

专家型教师成长规律与培育机制/徐红著. —北京:科学出版社,2019.6
ISBN 978-7-03-061485-8

Ⅰ. ①专… Ⅱ. ①徐… Ⅲ. ①师资培养–研究 Ⅳ. ①G451.2

中国版本图书馆 CIP 数据核字(2019)第 114153 号

责任编辑:朱丽娜 刘曹芃/责任校对:韩 杨
责任印制:徐晓晨/封面设计:润一文化
编辑部电话:010-64033934
E-mail:edu_psy@sciencep.com

科 学 出 版 社出版
北京东黄城根北街 16 号
邮政编码:100717
http://www.sciencep.com
北京虎彩文化传播有限公司 印刷
科学出版社发行 各地新华书店经销

*

2019 年 6 月第 一 版 开本:720×1000 B5
2019 年 6 月第一次印刷 印张:12 1/2
字数:190 000
定价:89.00 元
(如有印装质量问题,我社负责调换)

前　　言

教育大计，教师为本。教育质量水平的高低直接取决于教师专业发展的水平。近年来，随着知识经济理念的广泛渗透，科教兴国战略的继续推进，新一轮基础教育课程改革的不断深入，公费师范生教育政策的贯彻实施，《国家中长期教育改革和发展规划纲要（2010—2020年）》（简称《纲要》）的隆重出台，"学生发展核心素养"①的明确提出，教师专业发展的问题迅即成为当下社会的一个热门话题。与此同时，作为教师专业发展的目标与追求，"专家型教师"顺势成为学界普遍关注的焦点，而有关专家型教师的培养问题也随之成为学者广为探讨的热点。然而，甚为遗憾的是，由于迄今人们尚未全面认识专家型教师的成长规律，且缺乏较为系统的有关专家型教师的培育机制作为实践指引，当下不仅教师教育机构在尝试培养专家型教师的过程中备感迷惘，而且教师在自主专业发展的过程中也十分迷茫。

本书紧紧围绕"专家型教师成长规律与培育机制"这一主线展开，包括绪论和五章内容。

绪论主要是对已有文献进行梳理，并在此基础上阐述探讨专家型教师成长规律与培育机制的必要性与可行性。

第一章：相关概念界定。本章专门阐述"专家型教师"、"教师成长规律"及"教师培育机制"三个核心概念。

第二章：专家型教师成长与培育研究的理论基础。本章着重阐述了与教

---

① 中华人民共和国教育部. 教育部关于全面深化课程改革落实立德树人根本任务的意见. 2014. http://old. moe.gov.cn/publicfiles/business/htmlfiles/moe/s7054/201404/xxgk_167226.html.［2018-6-28］.

师成长及培育相关的三大理论：其一，人的发展理论；其二，教师专业发展理论；其三，教师教育一体化理论。

第三章：专家型教师的成长个案。本章运用个案研究法，分别选择语文、数学、英语、物理及化学五个学科专家型教师各一名进行深度访谈，并在此基础上介绍他们各自的成长历程。

第四章：专家型教师的成长规律。本章在分析第三章五位代表性教师成长历程的基础上，借助德尔菲法（专家征询法）、文献法和逻辑思辨法，探讨了专家型教师成长的阶段特征，剖析了专家型教师成长的影响因素，阐述了专家型教师成长的基本途径。

第五章：专家型教师的培育机制。本章指出，专家型教师的培育活动是一个集"职前培养、入职教育及职后培训"于一体的系统化工程，为保障与促进专家型教师的培育活动高效、有序进行，必须建立一系列与之相应的培育机制。为此，本章分别从职前、入职及职后三个阶段对培育专家型教师的一系列激励机制、制约机制和保障机制进行了阐述。

本书的价值在于：理论上，本书不仅能够丰富专家型教师成长规律与培育机制方面的成果，而且能够丰富教师教育理论；实践上，本书不仅能够为各级各类教师教育机构培养专家型教师提供理论依据，而且能够为广大教师的自主专业发展提供参考指南，甚至还能够引发更多教育人士关注专家型教师的成长与培育问题。

本书的不足之处在于：由于缺乏对专家型教师的大规模问卷调查，本书有关专家型教师成长规律的结论显得相对单薄。这将是我们未来需要进一步努力研究的方向。

最后，值得一提的是，本书在撰写过程中参阅了诸多专家、学者的相关成果且引用了其中些许观点。尽管书中尽可能对引用的观点进行了注释，但或许存有疏漏之处，谨表歉意。

徐　红

目　　录

绪　　论

教师是教育的第一资源，是教育的主体与关键，是教育工作的母机。各级各类教育改革离不开教师的参与、支持与配合。素质教育的持续推进、新课程改革的全面深化、教育公平的顺利落实、教育质量的稳幅提升，均须依靠广大教师才能完成，且与广大教师的专业发展水平息息相关。专家型教师是教师专业发展的最高阶段，是广大教师专业发展的目标指引。本书聚焦专家型教师成长与培育这一研究领域，力图运用多种理论与实证相结合的综合研究方法，深入探讨专家型教师成长规律，并从操作层面探索有助于专家型教师成长的培育机制。

一、研究目的与研究意义

（一）研究目的

目的即"要想得到的结果"①。本书的研究目的主要有两点。

1. 明确专家型教师成长规律

当今时代，尽管教师专业发展理念不断深入，教育事业对教师专业发展水平明确提出了更高要求，整个社会对专家型教师的呼声越来越高，但因缺乏对专家型教师成长规律的真正认识，很多人在推进教师专业发展的道路上备感迷

---

① 中国社会科学院语言研究所词典编辑室. 现代汉语词典（第 7 版）. 北京：商务印书馆，2016：923.

惘。鉴于这一现实，本书力图从教师专业成长的阶段特征、影响因素及基本路径等维度探索专家型教师的成长规律。通过发现这一规律，一方面为培育专家型教师提供依据，另一方面为广大教师的自主专业发展①提供参考。

2. 构建专家型教师培育机制

从一名新手型教师成长为一名专家型教师的过程并非一朝一夕，尤其是，并非每一位新手型教师都能自发成长为专家型教师。从人才培育的角度不难推断，若经过一定机制的精心培育，应该能够加快新手型教师成长为专家型教师的进程。那么，这一促进培育专家型教师的机制是什么？这是本书着手探讨的又一主要问题。显然，构建一套科学合理、切实可行的专家型教师培育机制是本书的又一研究目的。

（二）研究意义

1. 理论意义

1）明晰专家型教师、教师成长规律和教师培育机制等概念。随着经济与科技的飞速发展，教育的价值日益凸显，教师的地位逐渐提升。相应地，教师职业的专业性逐渐受到世界各国的广泛关注。作为教师专业发展的成熟代表，专家型教师的重要价值也逐渐得到世界各国的普遍认可。与此同时，有关专家型教师的研究疾速升温，有关专家型教师的研究成果日渐丰硕。然而，从已有的相关文献看，迄今为止，学界对专家型教师的概念尚不明确。其作为专家型教师问题研究中的一个核心概念，理当优先加以厘清，否则，不仅可能会极大贬损后续相关研究的价值与成效，而且可能会使后续相关研究偏离主题甚至出现错误。本书将从教育学、心理学与社会学三重视角出发，立足当下新教育政策背景，给予专家型教师一个具有时代性、本土性、整体性与独特性的新界定。同样地，尽管当下有关教师成长与教师培育问题的研究很多，但鲜有专门探讨教师成长规律与教师培育机制这两个概念的成果。本书将系统阐释教师成长规律与教师培育机制的本质含义，为进一步丰富教师教育理论铺垫基础。

---

① 自主专业发展，即独立自主地实现个性化专业发展。

2）为在实践中培育专家型教师提供相应的理论支撑。当前，政府与学校为了从整体上提升教师队伍的专业发展水平，虽然在教师培育方面投入了大量的人、财、物、时，但是收效并不理想。其中原因很多，但缺乏科学合理、切实可行的教师培育机制无疑是其主因之一。本书构建的专家型教师培育机制，将从操作层面为在实践中培育专家型教师提供相应的理论指导。

2. 实践意义

1）为教师教育机构提供培育专家型教师的参考指南。尽管教师专业发展的口号提出了较长时间，专家型教师也早已成为万众期待的发展目标，但人们对一名新手型教师如何通过专业发展成长为一名专家型教师的过程、规律缺乏足够的认识，因而，在培育专家型教师的实践中备感迷惘。本书将从教师专业成长的阶段特征、影响因素、成长路径等维度阐释专家型教师的成长规律，并从激励、制约、保障等层面阐明专家型教师培育机制，引导广大教师教育机构践行专家型教师的培育活动。

2）促进教师自主专业发展。人具有主观能动性，人是自身活动的主人，对于教师专业发展这一特殊活动来说，教师是其专业发展的主人，教师专业发展离不开教师的自主专业发展。但是，并不能因此而否定引导教师自主专业发展的一些至关重要的外在条件。辩证唯物主义认为，内因和外因在事物的发展中同时存在、缺一不可。内因是引发、推动与维持事物发展的动力源泉，它规定着事物发展的基本趋势；外因是事物存在和发展的外部条件，它通过内因作用于事物的存在和发展，加速或延缓事物的发展进程。本书发现的专家型教师成长规律与培育机制可以从内因与外因两个层面促进教师自主专业发展。

二、文献综述与研究问题

（一）文献综述

国外对专家型教师的研究起于 20 世纪 70 年代[①]，因研究者将认知心理学

---

① 马艳华. 专家型教师的内涵及其进阶路径. 中国教师，2008，（6）：7-9.

的专长研究的方法引入教育领域而生；我国专家型教师的研究源于 20 世纪 90 年代教师成长研究的转向①，大规模研究则源自 20 世纪末的"跨世纪园丁工程"②。综览已有相关文献不难发现，对于专家型教师问题的研究，国内外虽然在研究视角上存在差异，但在研究主题上有着惊人的一致③。为了更加清晰地展示国内外已有相关研究的进展概况，同时也为了更加清晰地展示国内与国外的相关研究在同一研究主题上的异同，本书在不同研究主题下，对国内与国外的相关研究进行并列式（对比式）述说。

1. 剖析了专家型教师的价值

专家型教师是教师专业发展的理想目标，也是教育事业的生力军，其时代价值已经得到国内外学者不同层面的剖析。从国外情况看：Pollard 和 Tomlin 的研究认为，专家型教师能够明显提高教育质量④；Farstrup 的研究指出，专家型教师能够提高学生的阅读能力，因而在美国课堂中的作用很大⑤；Amrein-Beardsley 认为，专家型教师对提高条件较差地区所辖的公共学校的学生之学业成绩十分重要⑥。从国内情况看：王长楷和邱玉辉立足于社会、人及教育三者间的相互关系，认为社会发展关键的推动力量是具有全面素质和高素质的现代人，而现代人培养的关键又在于具有终身学习能力和教育创新能力的专家型教师⑦；肖映雪指出，素质教育的核心就是要培养学生的创造性思维能力和创新精神，而学生创造性思维和创造性能力的培养依赖于专家型教师⑧；母小勇在反思教育如何可持续发展之后，认为"教育可持续发展"对基础教育提出了更高的期望值，为了提高对基础教育的期望值，教师必须进一步专业化，进一步说，"教育可持续发展"需要"临床专家型"

① 连楷，孟迎芳. 专家——新手型教师研究综述. 福建省社会主义学院学报，2001，（4）：66-68.
② 陈桂生. "专家型教师"辨析. 江西教育科研，2003，（4）：6-7.
③ 徐红，董泽芳. 中外专家型教师研究的回溯与前瞻. 河北师范大学学报（教育科学版），2011，（10）：34-40.
④ Pollard R，Tomlin M E. The use of expert teachers to improve education. Education，1995，（1）：3.
⑤ Farstrup A E. Teacher education：The importance of excellence and expertise. Reading Today，2003，（3）：8.
⑥ Amrein-Beardsley A. Recruiting expert teachers into hard-to-staff schools. Education Digest，2007，（4）：40-44.
⑦ 王长楷，邱玉辉. 改革高师教学模式 培养专家型教师. 中国高等教育，2001，（9）：15-16.
⑧ 肖映雪. 论中小学专家型教师的基本特征与培养. 西南师范大学学报（人文社会科学版），2001，（3）：55-58.

教师[①]；徐辉指出，在教育成为基础性、全局性、战略性事业的今天，培养专家型教师不但有重大的现实意义和社会效益，更有其紧迫感和必要性[②]；刘晓明指出，专家型教师能策略性地运用教育科学理论知识与教学技能，创造性地解决教育教学中的各种问题，极大地提高教育教学效率，于是，专家型教师的研究与培养成了当前世界各国教育改革的重要内容[③]。

2. 阐释了专家型教师的内涵

从已有相关文献看，国内外学者都比较注重对专家型教师的内涵给予阐释。从国外的情况看，学者对专家型教师内涵的阐释基本一致，其中，Sternberg和 Horvath 的观点最具代表性。他们认为，专家型教师就是指具有教学专长的教师，即能运用广泛的、结构良好的知识和经验有效地、创造性地解决各种教学问题的教师[④]。从国内的情况看，学者对专家型教师内涵的界说大致可归纳为三类观点。

第一类观点为"特殊专长说"。持有该观点的学者认为，专家型教师是具备"教学"、"教育"与"教研"[⑤]三种专长中的一种或几种的教师。比如，张大均认为，专家型教师是指那些在教学领域中，具有丰富的和组织化了的专门知识，能高效率地解决教学中的各种问题，富有职业的敏锐洞察力和创造力的教师[⑥]；方丹认为，专家型教师就是指有教学专长的教师[⑦]；徐辉指出，专家型教师是指在某一方面或某一领域（主要指教育教学）有专长的教师[⑧]；王长楷、邱玉辉认为，专家型教师主要指在教育教学的某一方面（主要是学科教学或学术研究领域）有专长的教师[⑨]；孟繁胜、梅秀娟和王敬认为，专

---

① 母小勇. 论"临床专家型"教师的教育课程——教育硕士专业学位课程研究. 华东师范大学博士学位论文, 2001: 28.

② 徐辉. 师范教育与专家型教师的培养. 教育科学研究, 2003, (4): 9-11.

③ 刘晓明. 关注教师的心理成长——专家型教师的心理塑造. 长春: 东北师范大学出版社, 2006: 1.

④ Sternberg R J, Horvath J A. A Prototype of Expert Teaching. Education Research, 1995, (6): 9-17.

⑤ 此处的教学作狭义理解，主要是指课堂教学，下文同；此处的教育特指德育与班级管理，当教育与专长连用时，即指德育与班级管理方面的专长，下文同；此处的教研是教育研究的简称，下文同。——笔者注.

⑥ 张大均. 教育心理学（第二版）. 北京: 人民教育出版社, 2004: 437.

⑦ 方丹. 专家型教师与特级教师之比较. 当代教育科学, 2007, (10): 31-33.

⑧ 徐辉. 师范教育与专家型教师的培养. 教育科学研究, 2003, (4): 9-11.

⑨ 王长楷, 邱玉辉. 改革高师教学模式 培养专家型教师. 中国高等教育, 2001, (9): 15-16.

家型教师是具有教育教学专长并且能够自我发展的研究型教师[①];张正中认为,专家型教师是指在教育教学、教育管理和教育科研的某一领域或某一方面具有专长,有一定社会影响力和知名度的造诣高深的教师[②];刘晓明认为,专家型教师是指那些在教育、教学领域中,能根据具体的教学情境,策略性地运用教育科学理论知识与教学技能,创造性地解决教学中各种问题的教师[③]。

第二类观点为"特级教师说"。该观点的持有者往往将"专家型教师"等同于或类比于"特级教师"。比如,陈桂生认为,专家型教师主要指造诣高深的中小学特级教师[④];李继峰指出,目前很多以教学创新成果享誉教坛的"名师"、省市级以上的"特级教师"等,可以说达到了"专家型教师"的高度[⑤];而母小勇则将"特级教师"作为"临床专家型"教师的原型[⑥]。

第三类观点为"优秀教师说"。该观点鲜明地凸显了专家型教师的职业水平。比如,马艳华指出,专家型教师是教师群体中的优秀分子,是对教师达到专业成熟状态时的称谓[⑦];袁梦认为,专家型教师是教师中的优秀分子,他们的职业道德、才学以及高超的教学艺术无疑代表着教师职业的最高水平[⑧]。

3. 分析了专家型教师的特征

为了清晰地识别专家型教师,国内外学者都比较注重分析专家型教师的特征。从国外情况看,学者习惯侧重研究专家型教师在教学方面的能力特征。比如,Sternberg 和 Horvath 指出,专家型教师具有三大特征,即将更多的知

① 孟繁胜,梅秀娟,王敬. 关于专家型教师培养的创新实践与理性思考. 中小学教师培训,2008,(11):15-17.
② 张正中. 专家型教师内涵、特征及成长阻碍因素研究. 湖南师范大学教育科学学报,2009,(2):99-101.
③ 刘晓明. 关注教师的心理成长——专家型教师的心理塑造. 长春:东北师范大学出版社,2006:3.
④ 陈桂生. "专家型教师"辨析. 江西教育科研,2003,(4):6-7.
⑤ 李继峰. "专家型教师"的理念与成长. 当代教师教育,2008,(3):20-24.
⑥ 母小勇. 论"临床专家型"教师的教育课程——教育硕士专业学位课程研究. 华东师范大学博士学位论文,2001:1.
⑦ 马艳华. 专家型教师的内涵及其进阶路径. 中国教师,2008,(6):7-9.
⑧ 袁梦. 专家型教师的成长之路. 长春:吉林大学出版社,2008:5.

识运用于教学问题的解决、解决教学问题的效率高、富有洞察力[1]；Berliner
认为，专家型教师在他所属领域中表现卓越、具有自动化的教学技能、对
教学任务及所处的情境更敏感、在教学中表现更灵活、对教学问题进行深
层表征、能快而准地知觉到有意义的教学事件并做出合理解释、能直觉到
对教学有意义的信息并运用上述经验和理论知识对这些信息进行加工，解
决问题的速度较快[2]。从国内情况看，学者对专家型教师特征的研究涉及
面较广，全面分析了专家型教师在知识、能力、人格与行为方面的特征。
比如，张正中的研究指出，专家型教师在情感上表现为对事业的坚定信念
和对理想人格的不懈追求，在认知方面具备广博专深的知识结构和丰富的
个性化实践知识，在能力上体现为具有"超凡脱俗"的问题解决能力，在
行为方面具有敏锐的洞察力和机智处理教育问题的能力[3]。孟繁胜等认为，
形成个性化教育哲学思想和教学风格是专家型教师的核心特征，而实践反
思和科研能力则是专家型教师得以成就的条件性特征[4]；连榕通过新手—
熟手—专家型教师的比较研究指出，专家型教师具有以课前的计划、课后
的评估和反思为核心的教学策略，具有鲜明的情绪稳定性、理智、着重实
际、自信心和批判性强的人格特点，对教师职业的情感投入程度高，职业
的义务感和责任感比较强，能进行良好的师生互动，拥有强烈的职业成就
感[5]。有学者专门分析了专家型教师的能力特征。比如，申继亮、辛涛等
从课前计划与准备、课堂反馈与评价、课堂控制与调节、课后的回顾与反
省四个方面论述了专家型教师在教学监控能力方面的特征，并认为教师最
重要的能力是教学监控能力[6]。有学者专门分析了专家型教师的人格特
征。比如，张锦坤指出，专家型教师应当具有乐观开朗、探索求新、热

① Sternberg R J，Horvath J A. A prototype of expert teaching. Education Research，1995，(6)：9-17.
② Berliner D C. Learning about and learning from expert teachers. International Journal of Educational Research，2001，(5)：463-482.
③ 张正中. 专家型教师内涵、特征及成长阻碍因素研究. 湖南师范大学教育科学学报，2009，(2)：99-101.
④ 孟繁胜，梅秀娟，王敬. 关于专家型教师培养的创新实践与理性思考. 中小学教师培训，2008，(11)：15-17.
⑤ 连榕. 新手—熟手—专家型教师心理特征的比较. 心理学报，2004，36(1)：44-52.
⑥ 申继亮，辛涛. 论教师教学监控能力提高的方法和途径. 北京师范大学学报(社会科学版)，1995，(1)：67-75.

爱学生、成就需要强等特征①；赵昌木专门研讨了专家型教师信念系统的特征，认为专家型教师的信念系统表现为整合性、反思性、有效性和开放性②。有学者专门分析了专家型教师课堂师生言语互动特征。比如，冯玉静运用弗兰德斯观察法对小学语文专家型教师的课堂师生言语互动情况进行了分析，从课堂结构、教学风格、师生情感氛围几个方面总结了师生言语互动的特征③。有学者专门分析了专家型教师的行为特征。比如，常海山、孟保才认为，积极进取、勤奋好学是专家型教师应备的思想特征，勤于思考、求异创新是专家型教师应备的思维特征，教研结合、成果丰硕是专家型教师应备的行为特征④；张波认为，中国特色的专家型教师具有勇于探索的精神和自我拓展的智慧，在课堂教学中善于把握"面向全体学生"，教学语言充满流畅性、和谐性和幽默感，善于让每一个学生捕捉到充满爱意的关注与期待，"培养高素质社会成员"的目标凸显于教育全程⑤。

4. 探讨了专家型教师的素质

教师的素质是指教师从事教师职业应备的基本品质，是教师顺利完成教育教学必备的条件，它们主要体现在体质、知识、能力与人格等方面。从国外情况看，学者集中探讨了专家型教师应备的知识结构。比如，Shulman 的研究认为，专家型教师至少具有七类知识，它们分别是：教材内容知识，一般教学法知识，课程知识，教学法知识，学生及其特点的知识，教育情境知识，有关教育宗旨、目的、价值和它们之间的哲学与历史背景的知识⑥。Mumthas 和 Anwar 对教师的缄默知识进行了研究，认为专家型教师具有高水

---

① 张锦坤. 略论专家型教师的人格特征. 天津市教科院学报，2006，（1）：24-26.
② 赵昌木. 教师成长研究. 西北师范大学博士学位论文，2003：25-27.
③ 冯玉静. 专家型教师课堂师生言语互动的特点——基于弗兰德斯互动分析法的个案研究. 现代中小学教育，2016，（8）：28-32.
④ 常海山，孟保才. 怎样成为专家型教师. 中小学教师培训，2000，（1）：4-5.
⑤ 张波. 中国特色专家型教师素描. 教学与管理，2008，（9）：6-9.
⑥ Shulman L. Knowledge and teaching: Foundation of the new reform. Harvard Education Review，1987，（1）：1-22.

平缄默知识[1]。从国内情况看，学者不仅探讨了专家型教师的知识结构，而且对专家型教师的能力结构与人格结构等方面的素质进行了研究。其中，有学者侧重探讨专家型教师的知识结构。比如，叶慎花通过将专家型教师与新手型教师进行比较，对专家型教师在自我知识、情境性知识、人际知识等方面的实践性知识进行了探讨[2]；赵夫明、胡云江和马雪明从专家型教师的课堂教学和教学札记入手，探讨了专家型教师缄默知识的构成，认为专家型教师的缄默知识包括有关教育教学内容的缄默知识、有关教育教学观念的缄默知识和有关教育教学机智的缄默知识三个方面[3]。有学者注重研究专家型教师的知识结构与能力结构。比如，丁芳、傅丽萍立足于新一轮基础教育课程改革（简称新课改），提出专家型教师应当具备专家水平的知识、工作的高效率、创造性的洞察力和教育教学活动的有意性[4]；肖映雪的研究认为，专家型教师应该具备丰富而高度组织化的知识，有很强的教学监控能力、教学反思能力、合理归因能力、洞察力和创造性解决问题的能力，有较强的教育科研能力[5]。有学者重视研究专家型教师的能力结构与人格结构等。比如，宋宙红、张晓洁立足于教师专业发展，指出小学专家型教师应该具有高尚的师德素养、高效率解决教学领域问题的能力、问题意识与开发科研的能力、引领教师群体探究的能力[6]。有学者则综合研究了专家型教师的知识结构、能力结构与人格结构。比如，刘岩从教师专业发展的视角出发，提出专家型教师应该具备高尚的师德、科学的教育理念、相当的专业知识和专业能力，且勇于创新，具有一定的创造性[7]。

① Mumthas N S，Anwar B. Teacher Effectiveness of Secondary School Teachers with High Tacit Knowledge. National Seminar on Perspectives in Teacher Education：Researches，Innovations and Practices. Kerala，India：Press of University of Calicut，2009：8.
② 叶慎花. 新手教师与专家型教师在实践性知识方面的差异. 陕西教育，2009，（10）：133-135.
③ 赵夫明，胡云江，马雪明. 论专家型教师缄默知识的构成. 高等教育研究（成都），2010，（3）：68-71.
④ 丁芳，傅丽萍. 浅析成为专家型教师应具备的条件. 当代教育科学，2005，（5）：41-42.
⑤ 肖映雪. 论中小学专家型教师的基本特征与培养. 西南师范大学学报（人文社会科学版），2001，（3）：55-58.
⑥ 宋宙红，张晓洁. 小学专家型教师素质与培养初探. 集美大学学报（科学教育版），2009，（2）：9-12.
⑦ 刘岩. 论专家型教师的素质及培养. 鞍山师范学院学报，2001，（3）：45-48.

5. 探究了专家型教师的成长

从国外已有相关研究看，学者对专家型教师成长问题的探讨主要集中在专家型教师成长阶段的划分及其在各阶段所表现出来的特征上。比如，Deryfus 从专家型教师形成的过程入手，将专家型教师的成长阶段依次分为新手阶段（novice level）、优秀新手阶段（advanced beginner level）、胜任阶段（competent level）、熟练阶段（proficient level）及专家阶段（expert level）五个阶段，同时对各个阶段的特征进行了分析[①]；Berliner 在人工智能研究领域"专家系统"思路的启发下，将教师职业发展分为新手、熟练新手、胜任型、业务精干型和专家型五个阶段，并对各个阶段所表现出来的特征逐一进行了阐述[②]。

从国内已有相关研究看，学者对专家型教师成长问题的探究不仅涉及专家型教师成长阶段的划分及各阶段所表现出来的特征，而且涉及成长途径与成长模式等方面。①涉及专家型教师成长阶段的研究主要有：连榕在 Deryfus 研究的基础上，提出了"新手—熟手—专家"三阶段理论，通过分析不同阶段教师的特点，运用对比分析的方法对专家型教师的教学专长发展作了深入研究[③]；刘晓明认为，将专家型教师的发展过程分为职前阶段、新手阶段、熟手阶段和专家阶段较合适，同时也对各个阶段所表现出来的特征进行了阐释[④]；陈昱岿、江淑玲指出，专家型教师的成长要经历"全牛"、"未尝见全牛"、"神遇"和"命"四个顺序相承的阶段[⑤]。专家型教师不断进行默会知识和显性知识的转化，从而实现阶段和阶段之间的跨越，最终达到教学的最高阶段。②涉及专家型教师成长途径的研究主要有：俞国良、林崇德的研究认为，培养专家型教师可以通过让专家和新手完成一系列任务并进行比较，明确专家型教师的必备素质和心理行为特征系统，找到专家型与新手型教师之间的差

① 转引自宋广文，苗洪霞. 教师的发展——一种关于专家教师形成的认知心理学分析. 外国教育资料，2000，（5）：41-43.
② 转引自袁梦. 专家型教师的成长之路. 长春：吉林大学出版社，2008：2-3.
③ 连榕. 新手—熟手—专家型教师心理特征的比较. 心理学报，2004，（1）：44-52.
④ 刘晓明. 关注教师的心理成长——专家型教师的心理塑造. 长春：东北师范大学出版社，2006：26-46.
⑤ 陈昱岿，江淑玲. 默会知识视角下的庄子哲学解析——兼论专家型教师的成长. 教育学术月刊，2015，（11）：16-21.

别所在，发现新手型教师向专家型教师转变的特点和规律，最终实现从新手型教师向专家型教师的转变①；马艳华在解读专家型教师内涵的基础上，提出培养专家型教师的途径为完善相关政策和制度、改革职前培养模式、提升教师的反思能力、增强在职培训的实效②；周赞梅认为，专家型教师的成长可以通过外出学习和系统进修、参加各种专业研讨活动和观摩课，以及自我反思与体验来进行③；傅道春从新手型教师与专家型教师相关特征比较的视角，探讨了新手型教师成为专家型教师的相应途径④；何善亮提出，专家型学习是专家型教师成长的理想路径⑤；刘冉通过对比小学数学新手型教师和专家型教师的同课异构的案例，提出加强学生学情的分析、积极参加教学观摩活动、重视教学反思等策略来促进教师学科教学知识（pedagogical content knowledge，PCK）不断发展与完善的主张⑥。③涉及专家型教师成长模式的研究主要有：刘晓明指出促进专家型教师成长的模式是学习、培养与研究三者的融合⑦；林云鹏、蔡钾锂在分析国内外现有专家型教师培养模式的基础上，提出中小学自主、专家指导、现代教育技术辅佐的专家型教师培养模式⑧；宋广文、都荣胜从新手型教师与专家型教师的差异比较视角，提出了从师范生到专家型教师的整个成长模式，即加强师范生的专业培养、加强专家型教师与新手型教师的交流、促进新手型教师对教学经验进行自我反思、定期开展新手型教师的在职进修和岗位培训、发挥新手型教师的主体作用、培养新手型教师的教育科研能力⑨；林天伦、沈文淮和熊建文探讨了"五位一体"的专家型教师培养模式⑩。④涉及专家型教师的培养策略的研究主要有：徐红专门探讨了专家

---

① 俞国良，林崇德. 论心理学视野中的教师培养与发展. 教育研究，1999，（10）：29-35.
② 马艳华. 专家型教师的内涵及其进阶路径. 中国教师，2008，（12）：8.
③ 周赞梅. 专家教师研究. 北京：知识产权出版社，2006：128.
④ 傅道春. 教师的成长与发展. 北京：教育科学出版社，2001：29-34.
⑤ 何善亮. 专家型学习：专家型教师成长的理想路径. 教育理论与实践，2013，（10）：40-44.
⑥ 刘冉. PCK 差异：小学数学新手型教师和专家型教师的同课异构对比. 现代中小学教育，2016，（12）：92-95.
⑦ 刘晓明. 关注教师的心理成长——专家型教师的心理塑造. 长春：东北师范大学出版社，2006：17.
⑧ 林云鹏，蔡钾锂. 关于培养专家型中小学骨干教师的模式探讨. 教学与管理，2001，（4）：12-15.
⑨ 宋广文，都荣胜. 专家型教师的研究及其对教师成长的启示. 当代教育科学，2003，（1）：26-28.
⑩ 林天伦，沈文淮，熊建文. 骨干专家型教师"五位一体"培养模式构建与实践. 中国大学教学，2015，（5）：45-48.

型教师职前培养模式①；陈东海指出，"实践、反思、学习、再实践"，如此循环往复是专家型教师的成长之路，教师培训机构应该采取"请进来、走出去、建队伍、抓科研、发挥辐射引领作用"等系列措施，营建金字塔结构的学科专家型教师梯队②。

值得一提的是，近年来，国内陆续出现了有关专家型教师评价的研究成果。比如，徐红采用综合研究方法，探讨了专家型教师评价指标体系③；周淑琪基于教师专业标准，从比较新手型教师与专家型教师的评价素养出发，指出专家型教师应该拥有更加良好的评价知识结构，并能更好地将各种可利用的知识组织起来运用到评价和教学中④。

综观国内外有关专家型教师问题的研究成果发现，国内外都比较重视对专家型教师问题的研究，同时也取得了一大批研究成果，这些成果无疑能够为后续开展相关研究提供坚实基础与经验借鉴。不过，已有的绝大多数相关研究成果仅仅局限于对典型个案或实践经验的汇编，缺乏多种方法的综合研究，缺乏理论上的凝练与提升，缺乏操作性与系统性。尤其是，迄今尚无系统探讨专家型教师成长规律与培育机制的成果。正因如此，本书将综合运用理论与实证相结合的研究方法，力图发现全景式的专家型教师成长规律，并试图构建具有操作性的专家型教师培育机制。

（二）研究问题

由上述文献梳理结果可见，至今为止，人们对专家型教师概念问题的理解不够清晰，对专家型教师成长问题的认识不够深入，对专家型教师培养问题的见解略显形式化，对专家型教师培育机制问题的思考不够深入。为此，本书将集中研究以下问题。

1. 相关文献研究，以之为本书铺垫研究基础

1）国内有关专家型教师成长规律与培育机制研究的历史与现状；

2）国外有关专家型教师成长规律与培育机制研究的历史与现状；

---

① 徐红. "1+2+X"专家型教师职前培养模式研究. 高校教育管理，2013，（6）：64-69.
② 陈东海. 专家型教师培养策略初探. 现代中小学教育，2015，（11）：86-88.
③ 徐红. 专家型教师评价指标体系研究. 教育研究与实验，2013，（5）：52-57.
④ 周淑琪. 新手教师和专家型教师评价素养研究——基于教师专业标准的比较. 比较教育研究，2014，（1）：12-17.

3）国内外有关专家型教师成长规律与培育机制研究的比较与反思。

2. 核心概念阐释，以之为本书搭建分析框架

1）专家型教师及相关概念；

2）教师成长规律；

3）教师培育机制。

3. 研究的必要性与可行性剖析，以之为本书提供研究背景

1）研究专家型教师成长规律的必要性与可行性；

2）研究专家型教师培育机制的必要性与可行性。

4. 相关理论阐述，以之为本书提供理论基础

1）阐述人的发展理论；

2）阐述教师专业发展理论；

3）阐述教师教育一体化理论。

5. 典型个案调查及专家征询，以之发现专家型教师成长规律

1）探讨语文专家型教师个案，了解其专业成长规律；

2）探讨数学专家型教师个案，了解其专业成长规律；

3）探讨英语专家型教师个案，了解其专业成长规律；

4）探讨物理专家型教师个案，了解其专业成长规律；

5）探讨化学专家型教师个案，了解其专业成长规律。

在典型个案调查的基础上，通过专家征询，明确专家型教师成长规律。

6. 综合分析，以之构建专家型教师培育机制

1）构建专家型教师的职前培育机制；

2）构建专家型教师的入职培育机制；

3）构建专家型教师的职后培育机制。

三、研究思路与研究方法

（一）研究思路

本书紧紧围绕专家型教师成长规律与培育机制这一主题，沿着文献梳

理—理论探讨—个案研究—专家征询—综合分析这一研究思路展开(图1)。第一,进行文献梳理。通过梳理文献,把握国内外相关研究现状,明确研究专家型教师成长规律与培育机制的必要性。第二,进行理论探讨。一是界定专家型教师、教师成长规律及教师培育机制等核心概念,二是阐释研究专家型教师成长规律与培育机制的理论基础,包括人的发展理论、教师专业发展理论、教师教育一体化理论。第三,进行个案研究。通过深入研究语文、数学、英语、物理、化学五个学科的专家型教师的成长个案,初探专家型教师成长规律。第四,进行专家征询。在总结个案经验的基础上,通过专家征询,确定专家型教师成长规律。第五,进行综合分析。在文献梳理、理论探讨、个案研究及专家征询的基础上,通过综合分析,构建能够促进专家型教师成长的培育机制。

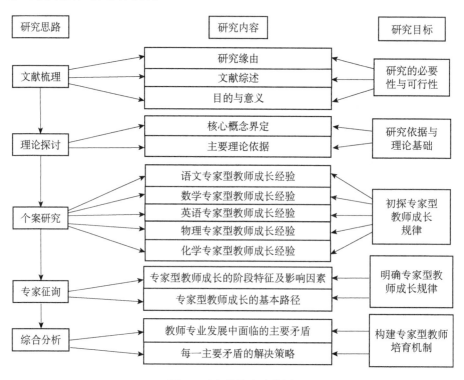

图1　研究的技术路线图

（二）研究方法

1. 文献法

文献法即通过查找、研读、分析、整理相关文献，探索现象本质属性或内在规律的一种研究方法。本书运用文献法的目的在于，通过文献梳理与分析，确立本书的背景、意义、目标、内容及理论基础。

2. 个案研究法

个案研究法即对具有代表意义及特定范围的研究对象进行深入而具体研究的方法。本书通过对语文、数学、英语、物理、化学五个学科的典型专家型教师的个案研究，初步归纳专家型教师成长规律。

3. 德尔菲法

德尔菲法即多轮次分别逐一征询相关专家的意见与建议，并及时整理每一轮次全体专家的意见与建议后，再将整理后的意见与建议分别逐一反馈给全体专家，直至全体专家达成一致意见的一种研究方法。本书在个案研究的基础上，通过三轮专家征询，明确专家型教师成长规律。

4. 思辨法

思辨法即逻辑思辨，是将研究的问题放在哲学框架里进行思考的方法。本书在文献梳理的基础上，运用思辨法重新界定专家型教师及成长规律和培育机制等核心概念，在文献梳理、理论探讨、个案研究及专家征询的基础上，通过理论思辨构建专家型教师培育机制。

第一章　相关概念界定

概念是人类思维的基本形式之一，能"反映客观事物的一般的、本质的特征"[①]，是人们认识客观事物的逻辑起点。正如韦伯所言："对概念的入门性讨论尽管难免会显得抽象，并因此而给人以远离现实之感，但却几乎是不能省略的。"[②]为了更好地认识客观事物，无疑需要事先明晰与之关系密切的一些核心概念。对于本书所研究的主题来说，专家型教师、教师成长规律及教师培育机制等概念无疑应是必须加以厘清的核心概念。

第一节　专家型教师

专家型教师不仅是教师专业发展的终极目标，代表着教师专业发展水平的最高阶段，而且也是整个教师群体中专业水平达至成熟状态的一类特殊群体。要想明晰专家型教师的概念，有必要事先明确教师的概念。

---

① 中国社会科学院语言研究所词典编辑室. 现代汉语词典（第7版）. 北京：商务印书馆，2016：419.
② 〔德〕马克斯·韦伯. 社会科学方法论. 杨富斌译. 北京：华夏出版社，1999：34.

一、教师

教师由"教"和"师"两个字构成，而"教"和"师"两字几乎同时起源，都是中国古代最早的汉字之一①。这两个字形成的一个新词则是源于佛教，它们最早合并成一个词使用是借用这两个字翻译佛教的对应称谓：禅教师和亲教师②。宋代时，"教师"一词作为独立的双音词开始出现③。"教师"一词大量使用是在元代。元代时，"教师"曾成为正式的官职。将"教师"一词确定下来作为专门称谓的人是张之洞④。黄绍箕在其 1902 年出版的中国教育史学上的开山之作《中国教育史》中开始大量使用"教师"一词。自此，"教师"一词被基本固定下来。

当下，"教师"一词在我国的用法比较复杂。不过，总体来讲，它具有广义、中义与狭义三层含义。广义上，教师是指有目的地增进他人的知识和技能，影响他人的思想品德及身体、心理的形成和发展的人⑤。显然，广义上的教师既可以是专业人员，也可以是非专业人员。中义上，教师是履行教育教学职责的专业人员，承担教书育人、培养社会主义事业建设者和接班人、提高民族素质的使命⑥。可见，中义上的教师包括三类工作人员：各级各类学校（公办学校、民办学校及培训学校或教育培训机构）中教育教学一线岗位上的专职教育工作者、管理岗位上的教育管理者及科研岗位上的教育研究者。即，中义上的教师泛指学校里被称为教师的一类群体。狭义上，教师专指各级各类学校中就职于教育教学一线岗位的专职教育工作者（简称专职教师）。本书中所称教师，特指就职于全日制中、小学校（公办中、小学校和非个人主办的民办中、小学校）教育教学一线岗位的专职教师。

---

① 徐朝华. 上古汉语词汇史. 北京：商务印书馆，2003：94-95.

② 朱庆之. 佛典与中古汉语词汇研究. 台北：文津出版社，1992：162.

③ 丁喜霞. 中古常用并列双音词的成语和演变研究. 浙江大学博士学位论文，2004：11.

④ 高时良. 洋务运动时期教育. 上海：上海教育出版社，1992：9.

⑤ 张大均，江琦. 教师心理素质与专业性发展. 北京：人民教育出版社，2005：5.

⑥ 教育部. 中华人民共和国教师法. 1994. http://old.moe.gov.cn/publicfiles/business/htmlfiles/moe_619/200407/1314.html.［2018-9-14］

二、专家型教师

人们在使用"专家型教师"这一概念时，常常将它与"特级教师""优秀教师""研究型教师""学者型教师""反思型教师""教育家型教师""骨干教师""高级教师"等概念混用或混淆。其实，这些概念与"专家型教师"之间尽管存在着诸多的相同点，但仍然存在着明显的差异。具体来说，专家型教师强调的是教师的专业发展水平；特级教师强调的是教师的社会身份；优秀教师强调的是教师的工作绩效；研究型教师强调的是教师的科研素质；学者型教师强调的是教师的学术造诣；反思型教师强调的是教师的反思品质；教育家型教师强调的是教师的高尚品德与教育影响力；骨干教师强调的是教师的教育支撑价值；高级教师强调的是教师的专业技术职务①。

专家型教师的概念究竟是怎样的呢？迄今为止，学界虽然比较重视"专家型教师"概念的界定，但它是一个具有鲜明的本土性②与明显的时代性③的概念，因而对它的界说众说纷纭。

"专家型教师"是一个同时属于教师教育、教师职业及教师心理三大领域的重要概念，因而，对其本质属性的阐释理应兼顾教育学、社会学及心理学三重学科视界。从教育学角度看，"专家型教师"在不同时期具有不同含义，明显具有时代性；从社会学角度看，"专家型教师"具有鲜明的本土性；从心理学角度看，"专家型教师"是一个普遍概念与实物概念，显然具有整体

---

① 徐红."专家型教师"及其相关概念辨析. 上海教育科研，2012，（12）：22-26.

② 一方面，"在不同发展程度的国家，教师的专业化程度是不平衡的，专家型教师的水平也是不平衡的"——傅道春. 教师的成长与发展. 北京：教育科学出版社，2001：17；另一方面，国外教师的应扮角色与我国教师不同，评定"专家型教师"标准明显有异，比如，美国判定"专家型教师"的标准仅限于教学专长，这一点显然不符合我国现实国情；此外，由于国外教师资格认证的标准与我国教师资格认证的标准不同，使得教师的含义本就中外有别。

③ 教师在不同时代所扮演的角色有别，因而所起的作用有异，不同时代认定专家型教师的标准理当不同。比如，当下的专家型教师并非"新课改"之前指称的专家型教师。"在新课改之前，由于应试教育思想的指引，教师完整的知识结构在客观上被忽略，专家型教师在一定意义上成为能够提高学生应试水平的教师"——傅道春. 教师的成长与发展. 北京：教育科学出版社，2001：16.

性与独特性①。可见，界定"专家型教师"概念时，务必同时凸显其时代性、本土性、整体性与独特性。为此，本书指出，界定"专家型教师"可遵循如下思路：首先，分析我国当下教师所处的现实背景，以之明确"专家型教师"的时代性；其次，立足"专家型教师"的时代性，揭示我国当下"专家型教师"应备的典型特征（独特性）；最后，结合已有相关定义，重新界定"专家型教师"。具体来说有以下几点。

第一，明确"专家型教师"的时代特征。当下我国教师所处的现实背景主要有四个方面。一是科教兴国战略背景。当前国家之间综合国力的竞争归根结底是创新性人才的竞争，创新性人才的培养有赖于教育创新，而教育创新有赖于创新性的教师。二是新课改政策背景。新课改主张"以生为本"，倡导师生平等，强调教育公平，关注个性培养，注重课程开发，重视团结合作。三是免费教育师范生政策背景。实施该政策的目的，既是为了解决贫困地区及偏远地区的师资问题，又是为了严格教师资质，努力造就一支师德高尚、业务精湛的高素质专业化教师队伍。四是《国家中长期教育改革和发展规划纲要（2010—2020 年)》政策背景。该纲要明确要求提升教师素质，加强教师队伍的专业化。由此可见，科教兴国战略呼唤教师增强创新意识与创新能力；新课改呼唤教师秉持"生本"观念、信守师生平等、恪守教育公平、坚持人文关怀、开发课程资源、加强团结合作；免费教育师范生政策呼唤教师关爱穷区的教育事业、树立崇高的职业道德、铸就扎实的职业素质（职业知识、职业技能与职业能力）；该纲要呼唤教师追求专业发展，即通过终身学习、学术研究与教学反思等途径不断实现职业道德与专业素质的自我超越，最终实现教师职业的专业化。为适应当下现实背景，"专家型教师"必然凸显以下四大时代特征：积极的职

---

① 从概念的外延来看，可以分为单独概念、普遍概念和集合概念。其中，普遍概念是关于一类事物的概念，它的外延包括全部同类的个体；从概念的内涵来看，可区分为实物概念和抽象概念，其中，实物概念是关于事物的整体的概念，它反映完整的客体的本质属性。——陈烜之. 认知心理学. 广州：广东高等教育出版社，2006：204-205。"专家型教师"从外延看属于普遍概念，从内涵看属于实物概念，因而可以推断，"专家型教师"具有整体性与独特性。

业情意①（关爱教育、崇高的职业道德、主动的创新创造意识、由衷的团队合作意识、自主的课程开发意识、追求专业发展的意识），合理的职业知识（如何秉持"生本"观念、如何信守师生平等、如何恪守教育公平、如何坚持人文关怀等从事现代教育教学所必备的条件性知识，扎实的学科知识，必要的相关学科知识，丰富的实践性知识），过硬的职业技能②（精湛的口语表达、恰当的体态语言、漂亮的板书演示、合理的媒体运用与和谐的人际沟通等），突出的职业能力（突出的教育教学能力、突出的终身学习能力、突出的学术研究能力、突出的教学反思能力）。

第二，明了"专家型教师"的典型特征。在探讨"专家型教师"的典型特征之前，必先阐明本书指称的"专家型教师"是否包含本土意义上的教师在内。从上可知，本土意义上的教师有专职教师、教管教师与教研教师三类。不过，从我国当下中小学现实看，绝大多数中小学教师属于专职教师，极少有学校存在专门的教管教师与教研教师，因而，本书所探讨的"专家型教师"特指专家型的专职教师。前文已述，本土意义上的专家有两类：其一是具有突出的专门学问，其二是具有突出的专项技术。那么，是否可以据此认定专家型专职教师也有两类呢？答案是否定的。原因在于，教师是一类特殊职业，它既要求从业者具备相应的学问，又要求从业者具备相应的技术。显然，"专家型教师"必须兼备突出的专门学问和专项技术。为此，可以初步推断，专家型教师就是兼备突出的专门学问和专项技术的专职教师。其中，突出的专门学问和专项技术就是专家型教师的典型特征。那么，这些典型特征是什么呢？结合已有相关研究③和上文所述"专家型教师"的时代特征，并考虑到那些具有突出的专门学问和专项技术的专职教师在长期的教育教学实践中体悟出来的具有个性色彩的实

---

① 教师的职业情意包括职业情感与职业意识两部分。前者是指教师对教师职业的情感态度与价值观，后者是指教师所具有的与现代教师职业相匹配的意识系统。

② 教师的职业技能是指教师运用已有的知识与经验，通过练习而形成的与教师职业活动有关的智力活动方式和肢体动作方式。

③ 林崇德，申继亮，辛涛. 教师素质的构成及其培养途径. 中国教育学刊，1996，（6）：17-18；张大均，江琦. 教师心理素质与专业性发展. 北京：人民教育出版社，2005：57-61.

践智慧①，本书认为，专家型教师的典型特征集中体现在五个维度：积极的从教情意、合理的从教知识、过硬的从教技能、突出的从教能力和独特的从教智慧。其中，积极的从教情意是提高教育教学有效性的调节器，它指个体具有的与从事教育工作有关的积极情感与积极意识，主要体现在：热爱教育事业、热衷教师职业、崇尚教师伦理、强烈的创新创造意识、自觉的团队协作意识、自主的专业发展意识、积极的课程开发意识和主动的教学反思意识。合理的从教知识是提高教育教学有效性的保障器，它指个体具有的与从事教育工作相匹配的合理知识结构，主要体现在：扎实的所教学科知识、丰富的相关学科知识、切实的教学实践知识②、机智的教学情境知识③、足够的优化教学知识④等。过硬的从教技能是提高教育教学有效性的催化剂，它指个体具有的与从事教育工作有关的过硬技能，主要体现在：精湛的口语表达、恰当的体态语言、漂亮的板书演示、合理的媒体选用、和谐的人际沟通。突出的从教能力是提高教育教学有效性的源动力，它指个体具有的与从事教育工作有关的突出能力，主要体现在：突出的教育教学能力、突出的终身学习能力、突出的教育研究能力、突出的教学反思能力、突出的教育创新能力。独特的从教智慧是提高教育教学有效性的助力器，它指个体具有的与从事教育工作有关的独特智慧，主要体现在：独特的教育思想、独特的教学风格、独特的教学策略、独特的教学模式、独特的人格魅力、独特的调心之道。

根据以上分析，本书认为，所谓"专家型教师"⑤，是指就职于全日制中

---

① 此处的智慧是指融智力与非智力、知识与技能、方法与手段、思想与观念、审美与评价等于一体的一种复杂体系。
② 教学实践知识是指在各种类型与各种形式的教学实践中知道应该教什么与怎样教的知识。
③ 教学情境知识是指根据具体的教学条件、教学环境与教学对象等情境如何开展教学的知识。
④ 优化教学知识是指促进教学优化的一系列知识。即指怎样运用有关教育原理、心理原理、课程原理与管理原理等提高教育教学有效性的知识。比如，如何秉持"生本"观念、如何信守师生平等、如何恪守教育公平、如何坚持人文关怀等。
⑤ 值得指出的是，对于新教育政策背景下的专职教师来说，从理想状态出发，应该集"教学"、"教育"和"教研"才能于一体，相应地，理想状态的专家型教师应该是集"教学"、"教育"和"教研"三种专长于一身的专职教师。尽管这种理想状态的专家型教师在现实中难以找到，即现实中人们心中的很多专家型教师可能只是具有上述三种专长中的某一种或两种，但本书所指称的专家型教师其实特指理想状态的专家型教师，即同时兼备以上三种专长的专家型教师。

小学校教育教学一线岗位，同时具有积极的从教情意、合理的从教知识、过硬的从教技能、突出的从教能力、独特的从教智慧五大典型特征的专职教师。为研究与行文的方便，本书对"专家型教师"的操作性定义如下：第一，在全日制中小学校教育教学一线岗位连续工作 15 年以上；第二，具有高级职称；第三，在县级及以上级别的教学比武中获得过二等奖及以上奖项；第四，以第一作者在正规刊物上至少公开发表过 1 篇教研论文或在正规出版机构出版过 1 部著作（专著、编著、译著、教材、工具书）或主持过县（市）级及以上级别的教科研项目；第五，近三年来所任教班级的学生期末考试平均成绩连续在全县（市）学校中相应年级排位前三名。

第二节　教师成长规律

教师是一类专门性较强的职业，是一类不同于从事其他专门职业群体的特殊群体，教师成长必然不同于其他专业群体的成长，因而教师成长规律显然不会与其他类别专业群体的成长规律一样。为此，在明晰教师成长规律的含义之前，有必要先厘清何谓教师成长，何谓成长规律。

一、教师成长

"教师成长"是一个词组，由"教师"和"成长"两个词语构成，其含义取决于"教师"和"成长"两个词语的含义。"成长"一词的含义本不复杂，是指个体由弱变强、由小变大、由低级阶段向高级阶段发展而逐渐成熟的过程。比如，《现代汉语词典》对"成长"的解释为：向成熟的阶段发展；生长①。但是，当"成长"一词与"教师"一词连用而构成"教

---

① 中国社会科学院语言研究所词典编辑室. 现代汉语词典（第 7 版）. 北京：商务印书馆，2016：160.

师成长"一词时，其含义就变得丰富起来。这是因为，"教师"一词既可以指一个具有生命意义的个体，又可以指一种专门性的教书育人职业，还可以指从事这种专门性教书育人职业的全部个体。正因如此，对"教师成长"的界说仍旧众说纷纭。比如，美国学者 Hoyle 指出，教师成长是指教师熟练掌握每一教学发展阶段中所必需的实践知识和专业技能的过程[①]；赵昌木认为，教师成长是"教师学会教学、不断习得与教师有关的角色期望和规范的社会化过程"[②]；李瑾瑜、柳德玉和牛震乾认为，教师成长包括教师的个人成长和专业成长，教师成长不仅涉及教师专业知识的积累、技能的娴熟、能力的提高，还涵盖理念的更新、角色的转变[③]。不过，总体看来，学界大多将教师成长理解成教师专业发展或教师专业化成长。即当下所言的教师成长总体上是指教师的专业成长。为此，本书将教师成长界定为教师专业成长，特指教师的从教情意（与从事教师职业密切相关的情感与意志）、从教观念（与从事教师职业密切相关的教育教学观念）、从教品格（与从事教师职业密切相关的品德与性格）、从教知识（与从事教师职业密切相关的知识体系）、从教能力（与从事教师职业密切相关的能力系统）等有关教书育人的特质从不成熟到比较成熟直至成熟的发展过程，即通常所说的从准教师向新手型教师发展，继而成为熟手型教师直至专家型教师的过程。从教书育人这一复杂性职业活动来看，教师成长过程并不是自发的简单过程，从一名准教师向新手型教师发展，继而成为熟手型教师直至专家型教师，不仅需要教师自身持续自我修炼，而且还需系统接受职前培养[④]、入职教育[⑤]以及职后培训[⑥]。

---

① Hoyle E. Professionalization in deprofessionalization in education. In Hoyle E & Megarry J. World Yearbook of Education 1980：Professional Development of Teachers. London：Kogan Page，1980：42.

② 赵昌木. 教师成长：角色扮演与社会化. 课程·教材·教法，2004，（4）：57-62.

③ 李瑾瑜，柳德玉，牛震乾. 课程改革与教师角色转换. 北京：中国人事出版社，2003：66.

④ 为方便阐述，本书亦称"职前培育"。

⑤ 为方便阐述，本书亦称"入职培育"。

⑥ 为方便阐述，本书亦称"职后培育"。

二、成长规律

何谓规律？《现代汉语辞海》的解释是，"事物之间的内在的必然联系。这种联系不断重复出现，在一定条件下经常起作用，并且决定着事物必然向着某种趋向发展"[①]。马克思主义认为，规律就是事物内部所固有的本质的稳定的联系，它具有客观性和普遍性，它时时、处处存在和发生作用[②]。列宁说，规律就是关系，本质的关系或本质之间的关系[③]。叶忠海认为，规律是指事物运动过程的规律，是指事物运动过程中在一定的条件下所具有的可重复的一一对应及多一对应的变换关系或概率性重复的变换关系[④]。可见，规律就是客观事物内部所固有的、本质的、稳定的联系，是促进或阻碍事物运动变化的一切因素，对一定事物来说，它具有客观实在性，无论你喜欢不喜欢、承认不承认，它都客观存在着并对一定事物发生作用，影响一定事物的运动变化。只有遵循相应规律，事物才会相对顺利而迅速地向人们希望的方向运动变化发展。而所谓遵循规律，则是基于影响事物运动变化的相关因素，充分发挥有利于事物向人们希望的方向运动变化发展的影响因素之作用，同时设法消解或避免不利于事物向人们希望的方向运动变化发展的影响因素之作用。

何谓"成长规律"？有学者指出，成长规律是指个体在自然规律、生命规律以及社会发展规律的引导下，从简单向复杂、从不成熟到成熟、从低级向高级的生命成长、从不甚深刻本质向更深刻的本质发展[⑤]。本书认为，这个定义虽有一定的合理性，但因其过于凸出"成长"的含义而遮蔽了"规律"的含义，故未能明确指出"成长规律"的要义。基于上文有关"成长"及"规律"两个概念的含义分析，本书认为，"成长规律"是指人或其他生物体在生存与发展过程中所必然遭遇的一系列内外因素（主客观因素）的影响，以及其自身在这些内外因素（主客观因素）的相互作用下所必然表现出来的相应

① 现代汉语辞海编纂委员会. 现代汉语辞海（增补版）. 北京：新华出版社，2004：266.
② 中共中央马克思恩格斯列宁斯大林著作编译局. 马克思恩格斯选集（第1卷）. 北京：人民出版社，2012：56.
③ 中共中央马克思恩格斯列宁斯大林著作编译局. 列宁全集（第38卷）. 北京：人民出版社，1986：161.
④ 叶忠海. 人才成长规律和科学用人方略. 中国人才，2003，（7）：31-32.
⑤ 鲍成中. 适应与超越：教育家成长规律研究. 华中师范大学博士学位论文，2015：8.

变化特征和获得相应变化的途径。

三、教师成长规律

本书所指称的教师成长规律，特指教师的专业成长规律或专业发展规律，即一名教师从准教师向新手型教师发展，继而成为熟手型教师直至专家型教师的过程中，所必然受到的一系列内外因素（主客观因素）的影响，以及在这些内外因素（主客观因素）的影响下，其从教情意、从教观念、从教品格、从教知识、从教能力等有关教书育人的特质所必然表现出来的相应变化。在上述一系列因素影响下，教师在其专业发展的各个阶段必然会有不同的表现特征。为此，探索教师成长规律，其实就是明晰教师在各个专业发展阶段所表现出来的相应特征、影响各个阶段专业发展的相关因素以及促进各个阶段专业发展的基本途径。

第三节　教师培育机制

一、教师培育

欲明晰教师培育的含义，必先明确培育的含义。何谓"培育"？《现代汉语词典》的解释是：①培养幼小生物，使其发育成长；②使某种感情得到发展①。由此可见，培育兼有培养、培训与教育之义。为此，在厘清培育的含义之前，有必要逐一明确培养、培训及教育三个词的含义。

---

① 中国社会科学院语言研究所词典编辑室. 现代汉语词典（2002 年增补本大字本）. 北京：商务印书馆，
2002：956.

（一）培养

从中文看，"培养"一词的用法十分复杂。从《说文解字》上看，"培"亦作"陪"。"培养"对应的解释是"陪，重土也"，"养，供养也"，那么这两个字放在一起就可以理解为提供适宜的条件使之成长。培养有四种解释[①]。其一是指以适宜的条件促使其发生、成长和繁殖。比如，杨沫《青春之歌》第一部第二章"书籍培养了她丰富的想象力和对于美好未来的憧憬"。其二是指按照一定的目的，长期教育训练。比如，《宋史·苏轼传》："轼之才，远大器也，他日自当为天下用。要在朝廷培养之。"陶行知撰写的《新学制与师范教育》中有两句话里"培养"的含义即如此："总之，教育界要什么人才就培养什么人才。""我们要什么教员就须培养什么教员。"其三是指蓄养，蓄积。比如，《金瓶梅词话》第六九回："一宿无话，巴不到次日培养着精神。"其四是指一种方言，修葺，养护。比如，沙汀《丁跛公》："培养房子？这样的年岁，还讲究啥外表呵，又不是住在露天坝里的。"在《现代汉语词典》里，培养通常是指"按照一定目的长期地教育和训练使成长"[②]。在《教育大辞典》里，培养是指"教育者使学生掌握系统的科学文化知识和技能，形成思想品德，健全体魄的过程，其内涵与教育基本相同"[③]。

从英文看，培养对应的英文单词有 foster、train、develop、educate 和 cultivate，相比较之下，只有 cultivate 的含义与汉语"培养"的含义最为接近。cultivate 是指逐渐形成，培养（某种态度、形象或技能）。cultivate 是 17 世纪早期从中古拉丁语 cultivatus 的过去分词 cultivare 演变而成，其拉丁语的含义是"耕作"。到 17 世纪 80 年代开始有了比喻意义上的"改善培训或教育"。在英文用法里，"培养"一词兼有培训和教育的含义，只是其中的"教育"之含义比较狭隘，主要是指知识与技能上的"教"。总的来说，英文里的"培养"主要是指通过知识或能力的教育和培训使接受培养的人逐渐形成某种态度或能力。

---

① 转引自徐红. 新政策背景下中小学专家型教师培养模式研究. 武汉：华中科技大学出版社，2014：14.
② 中国社会科学院语言研究所词典编辑室. 现代汉语词典（第 7 版）. 北京：商务印书馆，2016：984.
③ 顾明远. 教育大辞典. 上海：上海教育出版社，1998：1173.

通过分析中外"培养"一词的多种含义，本书认为，所谓培养，是指在某种长远目标的指导下，通过营造某种适宜的条件，给接受培养的人以知识、能力、态度的教导和训练，使之逐渐得到发展与成长，进而实现培养者预期的长远目标。

（二）培训

在《现代汉语词典》里，"培训"的意思是培养和训练①。当前，人们习惯结合"培训"的字面意思来理解该词，一般认为，"培"就是"培养、培育"，"训"就是"训练、训育"。我们认为，无论是《现代汉语词典》里对"培训"一词的解释也好，还是人们习惯上对"培训"一词的理解也罢，均使"培训"一词的含义显得过于抽象、过于泛化，为了获得对该词的合理而清晰的理解，还需要从词源上去考证。

"培训"一词在《说文解字》上的对应解释是"陪，重土也"，"训，说教也"，将这两个字连成培训一词时，其意可以理解为：提供适宜的条件，并施以说教。"培训"一词在汉典网上的解释是：培养和训练，使体力和智力得到发展。在英文语境下，培训对应的英文单词是 train，翻译为中文的意思是受训练、锻炼或培养（某一素质或能力）。train 最早是火车的意思，14 世纪后期开始有了"为了达到预期状态形式而进行的制作和操作"的含义，并从这一含义演变出了"约束、教，通过指导使达到想要的状态"的意思。1832 年之后，又衍生出了"通过方案或运动使自己适合某一表现"这一含义，1841 年之后的含义则强调为了培养某一方面的能力而训练或者锻炼。

鉴于上述分析，本书认为，"培训"是指，培训者出于提升受训者的专业水平或技能水平，通过营造某些适宜的条件，运用说教和锻炼的方式，使受训者的体力或智力达到预期目标。

（三）教育

"教育"一词由"教"和"育"两字构成。在我国商代甲骨文中就有"教"

---

① 中国社会科学院语言研究所词典编辑室. 现代汉语词典（第 7 版）. 北京：商务印书馆，2016：84.

和"育"两个字的象形文字。在过去较长时间内，"教"和"育"两个字都是分开使用的，且这两个字分别都含有现代意义上的"教育"之义。

在我国古代典籍中，有不少关于"教"的论述，但在不同语境中，含义有所不同。不过，归纳起来，主要有以下六种。[①]

1）教育。《孟子·梁惠王上》："谨庠序之教，申之以孝悌之义。"唐韩愈《祭十二郎文》："当求数顷之田于伊颖之上，以待余年。教吾子与汝子幸其成，长吾女与汝女待其嫁，如此而已。"清章学诚《文史通义·原学上》："教也者，教人自知适当其可之准，非教之舍己而从我也。"

2）教导、指点。汉司马迁《报任少卿书》："教以慎于接物，推贤进士为务。"宋王安石《答司马谏议书》："昨日蒙教，窃以为与君实游处相好之日久，而议事每不合，所操之术多异故也。"清蒲松龄《聊斋志异·促织》："成反复自念，得无教我猎虫所耶？"

3）告诉。《吕氏春秋·贵公》："此大事也，愿仲父之教寡人也。"唐韩愈《柳州罗池庙碑》："于是老少相教语，莫违侯令。"

4）训练。《论语·子路》："以不教民战，是谓弃之。"《吕氏春秋·简选》："统率士民，欲其教也。"宋苏轼《教战守策》："天下果未能去兵，则其一旦将以不教之民而驱之战。"

5）政教、教化。《商君书·更法》："前世不同教，何古之法？"唐韩愈《原道》："今也举夷狄之法，而加之先王之教之上，几何其不胥而为夷也。"

6）效仿。《韩非子·难势》："尧教于隶属而民不听，至于南面而王天下，令则行，禁则止。"

此外，"教"还有一种含义是把知识或技能传授给人[②]。

与"教"字的含义相关联，"育"字的含义有以下四种[③]。

1）生育。《易·渐》："妇孕不育，失其道也。"宋吴曾《能改斋漫录·记事二》："虞部员外郎张咸，其妾孕五岁而不育。"

---

① 罗竹风. 汉语大词典. 上海：汉语大词典出版社，1990：444-445.
② 柳海民. 现代教育原理. 北京：人民教育出版社，2006：88.
③ 罗竹风. 汉语大词典. 上海：汉语大词典出版社，1990：1186.

2）抚养。《文选·张华〈鹪鹩赋〉》："育翾翾之陋体，无玄黄以自贵。"唐韩愈《处士卢君墓志铭》："母夫人既终，育幼弟与归宗之妹。"

3）培养、教育。汉匡衡《祷高祖孝文孝武庙文》："思育休烈，以章祖宗之盛功。"唐韩愈《顺宗实录五》："恩翔春风，仁育群品。"

4）生长、成长。《礼记·中庸》："致中和，天地位焉，万物育焉。"《孟子·滕文公上》："后稷教民稼穑，树艺五谷；五谷熟而民人育。"

在英文语境里，教育对应的英语单词是 educate。在西方，educate 一词源于拉丁文 educate，前缀 e 有"出"的意思，意为"引出"或"导出"，意思就是通过一定的手段，把某种本来潜在于身体和心灵内部的东西引发出来。从词源上说，西方"教育"一词是内发之意，强调教育是一种顺其自然的活动，旨在把自然人所固有的或潜在的素质，自内而外引发出来，以成为现实的发展状态。

可见，"教育"的含义比较丰富。从广义上看，教育泛指增进人们的知识和技能、影响人们的思想品德的活动。从狭义上看，教育主要是指学校教育，教育者根据一定社会（或阶级）的要求，有目的、有计划、有组织地对受教育者的身心施加影响，把他们培养成为一定社会（或阶级）所需要的人的活动。本书认为，教育就是教育者通过多种有意识的言传身教或无意识的言传身教，将受教育者的潜在素质引发出来，并使受教育者的各个方面的素质尽可能向符合一定社会需要的方向发展。

（四）培育

通过剖析"培养"、"培训"及"教育"的含义，结合各工具书对"培育"的解释，本书认为，"培"是手段、是过程，"育"是目的、是结果，因而"培育"的意思就是，通过提供或给予未完全成熟的生物相应的条件或影响，使其身体不断生长发育、心理不断成熟发展，直至达到一定的预期目标。

（五）教师培育

教师培育，即培育教师，本书特指培育专家型教师。基于上述有关"培育"及其相关概念的分析，结合教师的职业（专业）特征，本书认为，教师培育或培育教师是指，通过提供一定的条件或施加一定的影响，使一名准教师向新手型教师发展，继而成为一名熟手型教师直至专家型教师。具体而言，在教师的职前培养、入职教育以及职后培训过程中，提供一系列适宜的条件或影响，使准教师或新手型教师的从教情意、从教观念、从教品格、从教知识、从教能力等有关教书育人特质不断朝向专家型教师应有的相应教书育人特质发展变化。显然，教师培育是一个系统化的培育过程，包括教师的职前培育、入职培育和职后培育三个环节或三个阶段。其中，教师的职前培育即传统意义上的师范教育，是指师范生在毕业之前所接受的学校教育。

二、培育机制

在阐述培育机制的含义之前，有必要先辨析一下与"机制"易混的两个概念：体制和制度。《现代汉语词典》对机制的解释是：①机器的构造和工作原理；②机体的构造、功能和相互关系；③指某些自然现象的物理、化学规律；④泛指一个工作系统的组织或部分之间相互作用的过程和方式①。对体制的解释是：①国家机关、企业、事业单位等的组织制度；②文体的格局；体裁②。对制度的解释是：①要求大家共同遵守的办事规程或行动准则；②在一定历史条件下形成的政治、经济、文化等方面的体系③。从实践用语看，机制与制度和体制既相互区别，又密不可分。制度，通常是指社会制度，是指建立在一定社会生产力发展水平基础上，反映该社会的价值判断和价值取向，由行为主体（国家或国家机关）所建立的调整交往活动主体之间，以及社会关系的具有正式形式和强制性的规范体系。体制，是制度形之于外的具体表现和实施形式，是管理经济、政治、文化等社会生活各个方面事务的规范体

①　中国社会科学院语言研究所词典编辑室. 现代汉语词典（第7版）. 北京：商务印书馆，2016：600.
②　中国社会科学院语言研究所词典编辑室. 现代汉语词典（第7版）. 北京：商务印书馆，2016：1289.
③　中国社会科学院语言研究所词典编辑室. 现代汉语词典（第7版）. 北京：商务印书馆，2016：1689.

系。制度决定体制内容并由体制表现出来，体制的形成和发展要受制度的制约。一种制度可以通过不同的体制表现出来。机制通过制度系统内部组成要素，按照一定方式的相互作用实现其特定的功能。机制运行规则都是人为设定的，具有强烈的社会性。总体来说，制度和体制是机制的载体和外在表现形式，机制是制度和体制有效运行并达到预期目标的内在机理，与制度和体制相比，机制更具操作性和技术性①。可见，不仅体制从属于制度，而且机制也从属于制度。好的制度固然非常重要，但要保证好的制度正常运转，不能靠制度本身的力量，必须有保证制度不偏离轨道的力量，那就是机制。当有人违背了制度规范，机制不仅要站出来说不，而且还要表达具体的处理办法②。如果将制度比作某种主题游戏，则体制便是构成这种游戏的具体内容，而机制则是保证这一游戏正常进行的相应规则。显然，不同的主题游戏，均应有与之相应的游戏规则，这一相应的游戏规则必然能够正确反映这一主题游戏的各个部分之间的相互关系，并能保证这一游戏顺利进行。由此不难推断，机制是某一事物内部各构成要素之间正常发生相互作用的保证，反映的是某一事物内部各要素之间的相互关系及相互作用的过程与方式，通常以规则性制度的形式表现出来。

基于上述有关"机制"的分析，并结合"培育"的含义，本书认为，"培育机制"是指确保未完全成熟的生物的身体生长水平与心理成熟程度达到某种预期目标所采取的一些相应措施与手段，这些措施与手段表现为与培育幼小生物有关的一系列规则性制度。

三、教师培育机制

教师培育机制，即培育教师的机制，特指培育专家型教师的机制。基于上述相关概念的分析，本书认为，教师培育机制是为了使一名准教师向新手型教师发展，继而成为熟手型教师直至专家型教师，培育者在系统了解教师

---

① 陈静漪. 中国义务教育经费保障制度研究. 东北师范大学博士学位论文，2009：22.
② 吴亚东，李钊. 对体系、制度、机制、体制相关概念的辨析与理解. 现代商贸工业，2010，(4)：237-238.

专业发展规律的基础上所采取的相关措施与手段或相应的规则性制度。进一步说，教师培育机制就是在明晰教师专业发展各个阶段所体现出来的特征（阶段特征）和影响其专业发展（专业成长）的相关因素及其专业发展（专业成长）的基本途径后，所采用的一系列有利于准教师向新手型教师发展，继而成为熟手型教师直至专家型教师的相关措施与手段或相应的规则性制度。毋庸置疑，这些相关措施与手段或相应的规则性制度必然能够有效提升教师的从教情意，增进教师形成现代教育教学观念的速度，促进教师养成优秀的从教品格，并有助于教师构建合理的从教知识并形成扎实的从教能力。教师培育活动是一个系统工程，从教育管理学的角度看，教师培育机制主要包括相应的激励机制、制约机制、保障机制。其中，激励机制是指调动培育主体及接受培育的教师之积极性的一系列激励性机制；制约机制是指限制约束教师培育活动有序进行的一系列规范化机制；保障机制是指保证教师培育活动顺利进行的一系列条件性机制。

第二章　专家型教师成长与培育研究的理论基础

　　探讨专家型教师成长规律与培育机制是一项实践性很强的研究活动，需要相应的理论指导，尤其是对专家型教师成长规律的总结及培育机制的论述，均必须凭借有力的理论依据。为此，本章专门阐释与本书密切相关的三大理论，以为后文的阐述铺垫基础。

第一节　人的发展理论

　　人的发展理论，是对人在其成长过程中所产生的变化进行鉴别、分析、解释、预测和概括的理论。专家型教师的专业成长过程也是一种人的发展过程，因此，人的发展理论理应是研究专家型教师的成长规律及其培育机制的理论基础之一。本节将分别阐述孔子和马克思的人的发展理论，并揭示二者对专家型教师成长与培育的相关启示。

一、孔子的人的发展理论

孔子认为，人生来大体相似、大体平等。人的个别差异是人们的环境、习染各不相同造成的，是后天作用于先天的结果。孔子充分肯定了教育和个人努力的作用，认为人的发展是教育、后天环境及个人努力等共同作用的结果。孔子认为，人的发展应是"知、德、情、意"全面协调发展，且应以"德"的发展为核心内容。孔子注重教育的阶段性与梯级性，主张针对人的不同成长阶段施以不同的教育内容与教育方法。此外，孔子注重日常生活中的养成教育，认为养成教育对人的道德品质形成具有重大作用。越来越多的事实表明，如果一个人不具有最起码的做人素质，没有廉耻感、同情心和合理的畏惧感，那么，他很难在学校教育和社会政治生活中健康成长，成为具有社会责任感和公德观念的合格公民[①]。显然，孔子十分注重人的发展的全面性，并认为人的发展具有阶段性，在不同阶段应该施加不同的教育影响。

二、马克思的人的发展理论

马克思认为，"人的依赖关系（起初完全是自然发生的），是最初的社会形态，在这种形态下，人的生产能力只是在狭窄的范围内和孤立的地点上发展着。以物的依赖性为基础的人的独特性，是第二形态，在这种形态下，才形成普遍的社会物质交流，全面的关系，多方面的需求以及全面的能力的体系。建立在个人全面发展和他们共同的社会生产能力成为他们的社会财富这一基础上的自由个性，是第三个阶段"[②]。马克思的这一论断揭示了"人的发展"是一个历史过程，一般要经过三个阶段，即对人的依赖阶段、对物的依赖阶段和自由而全面发展的阶段。当前，人的发展已经进入第三阶段，即追求自由而全面的发展阶段。因而，人性化教育将是处于此发展阶段"人"的

[①]　秦维红. 孔子人的发展理论的现代启示. 南京社会科学，2004，（10）：81-84.

[②]　中共中央马克思恩格斯列宁斯大林著作编译局. 马克思恩格斯文集（第8卷）. 北京：人民出版社，2009：52.

必然追求[①]。马克思认为，人不是抽象意义上的人，而是"现实的个人"，是
处在物质生产实践中的、经验的个人，或者说，是作为物质生产实践主体的
个人。"现实的人"的发展是在一定时代条件下进行的，不能超越历史条件。
任何时代人的发展，都不可以在任意选择的条件下进行。一定时代的物质生
产、物质生活及社会制度都对人的发展起着制约作用，进步的技术与科学化
的劳动能够促进人的发展。

三、人的发展理论的相关启示

1）人的发展是教育、环境与个体相互作用而产生的身心变化过程。教师
也是发展中的人，教师身上所展现的各种特征处在变化之中，并未到达发展
的顶峰和终点，他们身上潜藏着各方面发展的极大可能性和可塑性，应把广
大教师看成发展中的人。

2）专家型教师的成长不是一朝一夕之事，而是一个具有阶段性与连续性
的复杂过程。为此，在专家型教师的培育过程中，必然不能仅靠简单的知识
说教和思想政治道德灌输，唯有从教师生活的具体环境出发，通过引导教师
甘愿立足教书育人岗位的高尚情操，一点一滴地推进教师培训。只有这样，
不同层次的教师的专业水平才能得以普遍提升。

3）在培育教师的过程中，应充分尊重教师的主体地位，重视培育教师的
主体意识，充分发挥教师的主观能动性。

4）人的发展存在个别差异，在培育专家型教师的过程中，应注重每位教
师的差异，在统一性培育过程中兼顾差异性培育。

5）人的发展并非天赋，而是人赋。人的发展有赖于外部条件。现实的人
的发展或人的现实的发展，是一个理解并处理人与自然和社会关系的过程，
这一过程体现人的理想意图，超越客观条件的限制，又以客观条件为基础，
受到其制约。人对客观条件的每一次超越，都会引起新的主体性扩张，引发

---

① 沈小强，沈又红，黎钰林. 论教育从"非人性化"到"人性化"的演进及启示——基于马克思关于人的
发展理论的思考. 湖南师范大学教育科学学报，2012，（1）：55-58.

新的需要和实践，而新的需要之满足和新的实践之实现，又要依赖于并超越新的客观条件[①]。显然，国家的经济建设、社会建设、制度建设及文化建设与教师的成长与培育息息相关。

第二节　教师专业发展理论

教师是教育活动的直接组织者与实施者，是教育活动的关键主体，是决定教育活动实施成效的核心因素，要想提高教育质量，必先提升教师素质。目前，提升教师素质已成为世界各国教育事业优先发展的任务。从职业的角度讲，教师素质的高低在于其专业化水平的高低，专业化水平是衡量教师素质高低的重要指标。为此，教师专业化已成为国内外的共识，教师专业发展已成为世界各国的共同追求，教师专业发展理论已成为学界广为探讨的热点。本节将着重阐述与专家型教师成长与培育相关的教师专业发展理论。

一、专业发展

"专业发展"这一概念由"专业"和"发展"两个词构成。根据《现代汉语词典》，"发展"的含义[②]：①事物由小到大、由简单到复杂、由低级到高级的变化；②扩大（组织、规模等）；③为扩大组织而吸收新的成员。"专业"的含义[③]：①高等学校的一个系里或中等专业学校里，根据科学分工或生产部门的分工把学业分成的门类；②产业部门中根据产品生产的不同过程而分成的各业务部分；③专门从事某种工作或职业的；④具有专业水平和知识。"专

---

①　陈新夏. 唯物史观与人的发展理论. 哲学研究，2004，（2）：9-14.

②　中国社会科学院语言研究所词典编辑室. 现代汉语词典（第 7 版）. 北京：商务印书馆，2016：352.

③　中国社会科学院语言研究所词典编辑室. 现代汉语词典（第 7 版）. 北京：商务印书馆，2016：1719.

业"一词的含义并不单一，因而必须结合具体的语境加以理解。本节内容主要阐述的是教师专业发展理论，故本节所阐述的专业特指专门职业。那么，专门职业是什么呢？

美国著名社会学家利伯曼（A. Lieberman）针对专门职业确定了如下八条标准：①范围明确，以"垄断"的形式从事于社会不可缺少的工作；②运用高度的理智性技术；③需要长期的专业教育；④从事者无论个人、集体均具有广泛的自律性；⑤在专业的自律性范围内，直接负有作出判断、采取行动的责任；⑥不以营利为目的，而以服务为动机；⑦形成了综合性的自治组织；⑧拥有应用方式具体化的伦理纲领。①

我国学者王建磐认为，成熟的专业工作，应该具备以下六个特征或标准：①专业知能，即构成专业的首要标准是需要一套完善的专门知识和技能体系作为专业人员从业的依据；②专业道德，即某一职业群体为更好地履行职业责任、满足社会需要、维护职业声誉而制定的自我约束的行为规范或伦理标准；③专业训练，需要经过长期的培养与训练；④专业发展，即需要不断地学习进修；⑤专业自主，享有有效的专业自治；⑥专业组织，即形成坚强的专业团体。②

综合以上两位学者对专门职业所持的观点，结合发展的含义，本书认为，所谓专业发展，是指一个普通的职业群体在某种专业（或专门职业）标准的指引下，通过不断提升其自身素质直至逐渐达到相应的专业标准的过程。

二、教师专业发展

教师专业发展是教师专业化和教师发展的有机整合。目前，教师专业是一个正在形成中的专业，相对医生、律师等专业来说只是"半专业"③。即教

---

① 转引自〔日〕日本筑波大学教育学研究会. 现代教育学基础. 钟启泉译. 上海：上海教育出版社，1996：442-443.

② 王建磐. 教师专业化与教师教育政策的选择. 高等师范教育研究，2001，（5）：1-4.

③ 徐红. 新政策背景下中小学专家型教师培养模式研究. 武汉：华中科技大学出版社，2014：28.

师专业是一个正在发展中的专业，至今尚不是一个成熟的专业。正因如此，当下有关教师专业发展的问题相对较多，且针对教师专业发展问题的研究也明显增多。

（一）教师专业化

20 世纪 80 年代，美国教育界就已明确提出教师专业化的概念，当下，教师专业化已为世界许多国家所接纳，且日益上升为一种教育理论。

教师专业化是教师在整个专业生涯中，通过终身专业学习与专业训练，获取教师职业的专业知识与技能，形成专业道德与品格、养成专业自律与自主，以逐步提升自身的职业素质水平，从而不断向专家型教师迈进的过程。因此，教师专业化一般具有两层含义[①]：一是指一个普通职业群体逐渐符合专业标准，成为专门职业并获得相应的专业地位的过程；二是指教师这一职业群体的专业性质和状态处于何种情况和水平。具体来说，教师专业化包括教师职业专业化和教师主体专业化。教师职业专业化是指教师职业群体向符合教师职业标准的方向变化与发展的过程；教师主体专业化是指教师通过接受培养与培训，以及自身修炼等方式提升自身的专业情感、专业信念、专业品格、专业知识及专业能力等专业素质，使之达至成熟状态的过程。教师专业化以教师职业的专业化为基础，以教师主体的专业化为目标。

（二）教师专业发展

1. 教师专业发展的含义

何谓教师专业发展？从字面意思上看，教师专业发展是教师专业素质结构不断变化、演进和丰富的过程。从逻辑意义上说，教师专业发展是指教师的专业成长过程，即教师作为专门的职业人员，其专业素养从不成熟到相对成熟的发展历程[②]。具体而言，教师专业发展既指教师专业素质构成的演变，又指专业生涯阶段的演进。从专业素质看，教师专业发展是指教师的专业素

---

① 王建磐. 教师专业化与教师教育政策的选择. 高等师范教育研究，2001，（5）：1-4.
② 徐红. 新政策背景下专家型教师素质与行为标准研究. 华中师范大学博士学位论文，2012：3.

质从专业知识和专业技能向专业知识、专业技能、专业信念、专业动机、专业态度、专业情感、专业期望和专业发展意识等发展的历程；从专业生涯看，教师专业发展是指教师从新手型教师乃至职前教师向熟手型教师直至专家型教师发展的历程。教师专业发展的内容通常由教师教育的价值取向而定：学科或专业知识取向的教师专业发展以学科或专业知识为主要内容；学生发展取向的教师专业发展以教材与教法为主要内容；学术发展取向的教师专业发展以研究方法为主要内容。

值得指出的是，教师专业发展的过程，不仅是教师自我完善的过程，更是教师通过完善自身而更好地促进他人完善的过程。

2. 教师专业发展的内容

（1）身心系统

教师的职业活动内容是教书育人，教书是手段，育人是目的。人是具有主观能动性和个体差异性的智慧动物，因而，教书育人是一项复杂的脑力劳动和特殊的体力劳动，它要求从业者必须具有充足的精力、健全的人格、良好的心境，否则难以胜任这项工作。可见，拥有健康的身体和健康的心理是一名教师顺利从事教师职业的保障，健康的身心系统理应是教师专业发展的内容之一。

（2）观念系统

观念是行为的先导。教师的教育观念必然影响教师自身的教育行为，进而影响教育成效。与滞后的教育观念相比，先进的教育观念通常能够带来较显著的教育成效。因而，先进的教育观念是教师专业发展的"催化剂"，形成先进的教育观念必然是教师专业发展的应有内容。

（3）品格系统

这里的品格是指教师的品德和性格。就品德而言，教师是学生成长过程中的"重要他人"，因而学生很难不会具有"向师性"。无疑，教师的师表形象是学生学习的榜样和模仿的对象。可见，具备优秀的品德是教师作为学生表率的前提。拿性格来说，每一种职业都要求从业者具有与之匹配的性格，即"性格影响着一个人对职业的适应性，一定的性格适合于从事一定的职业，同时，不同的职业对人有不同的性格要求"[1]。显而易见，修炼良好的性格亦是教师专业发展的主要内容之一。可见，品格系统是教师专业发展的关键内容。

（4）知识系统

教师之所以被称为教师，是因为教师在知识方面具有相对的权威性。一名教师不仅需要具备学科专业知识、教育教学知识和通识文化知识，还需要具备个人的实践性知识。可见，知识系统是教师专业发展的基础，必然是教师专业发展的主要内容。

（5）能力系统

具备一定的教育教学能力与教育科研能力是教师顺利从事教师职业活动的条件，因而，与从事教师职业相关的能力系统理当是教师专业发展的基本内容。其中，教育教学能力主要包括语言表达能力、教学组织能力、学科教学能力、课程开发能力、班级管理能力等；教育科研能力主要包括教育教学改革创新能力、教育教学反思能力、教育教学行动研究能力等。

3. 教师专业发展的阶段

从一名职前教师成长为一名专家型教师，这是一个不断发展的过程，存在不同的发展阶段。在不同的发展阶段，教师会遇到不同的发展问题，同时，教师也在不断解决所遇到的问题，这些问题的不断解决，推动教师的专业水平不断提高。在教师专业发展的相关研究中，出现了如下几种不同的观点。

（1）教师关注阶段论

Fuller 根据教师在不同发展阶段所关注的焦点问题，把入职之后的教师发展分为关注生存、关注教学情境和关注学生三个阶段。处于关注生存阶段的教师一般是新教师（刚入职的教师），他们非常关注自己的生存适应性，他们经常关心诸如"学生喜欢我吗""同事们怎样看我"等问题。在此阶段，有些新教师可能会把大量的时间花在如何与学生相处上，而不是花在如何教好学生上；有些新教师则可能千方百计控制学生，而不是让学生自由发展。处

---

① 梁凯. 论性格与职业选择. 教育与职业，2006，（14）：59-60.

于关注教学情境阶段的教师，一般关心的问题是如何教好每一堂课，他们通常关心诸如班级大小、时间压力和备课材料是否充分等与教学情境相关的问题。处于关注学生阶段的教师，一般考虑学生的个别差异并进行因材施教。通过对教师关注阶段的研究，Fuller 认为，个人成为教师的这一历程是经由关注自身、关注教学任务，最后才关注到学生的学习，以及自身对学生的影响这样的发展阶段而逐渐递进的[①]。

（2）教师发展时期论

Katz 根据自己与学前教师一起工作的经验，运用访谈和问卷调查法，特别针对学前教师的训练需求与专业发展目标，将教师发展分为四个时期。一是存活期。在此阶段，教师原来对教学的设想与实际有差距，关心自己在陌生的环境中能否生存。二是巩固期。在此阶段，教师有了处理教学时间的基本知识，并开始巩固所过的教学经验和关注个别学生以及思考如何来帮助学生。三是更新期。在此阶段，教师对重复、机械的工作感到厌倦，试图寻找新的方法和技巧。四是成熟期。这一阶段的教师已习惯于教师角色，能够深入地探讨一些教育问题[②]。Katz 所提出的教师发展论虽以学前教师为主，但其内容对中小学教师在训练需求、协助教师专业成长等方面也都有参考与实用价值。

（3）教师发展阶段论

Burden 从与小学教师访谈的记录数据与资料中，整理归纳了教师所提出的意见，提出了教师发展的三个阶段论。一是求生存阶段。在此阶段，教师因刚踏入一个新环境，再加上没有实际教学经验，故而对教学活动及环境只有非常有限的认识。此时教师所关心的是班级经营、学科教学、改进教学技巧、教具的使用，以及尽快地了解所教的内容，做好课程与单元计划及组织好教学材料，做好教学工作。此外，此阶段的教师已开始注意了解学生并与之相处。二是调整阶段。在此阶段，教师的知识已较丰富，心情也较轻松。

---

① Fuller F F. 1969. Concerns of teachers: A developmental conceptualization. Educational Research Journal, 6 (2): 207-226.

② Katz L G. 1972. Developmental stages of preschool teachers. The Elementary School Journal, 73 (1): 50-54.

教师有精力开始了解学生的复杂性，此时会寻求新的教学技巧与解决问题的新方法，以满足学生各种不同的需求。三是成熟阶段。在此阶段，教师的经验更加丰富，对教学活动驾轻就熟，并且对教学环境已有充分的了解。此阶段的教师能够不断地追求并尝试新的方法，且更能关心学生，更能满足学生的需求。此外，此阶段的教师发现自己已逐渐获得专业见解，并能处理大多数可能发生的新情况[①]。

（4）教师生涯循环论

Fessler 将教师的发展分为八个阶段。一是职前教育阶段。这个阶段通常是在大学或师范学校进行的师资培育阶段。此外，这一阶段也包括在职教师从事新角色或新工作的再培训。二是引导阶段。在此阶段，新任教师通常会努力获得学生、同事及督导人员的接纳，并设法在处理每日问题和事务时获得被肯定的信心。三是能力建立阶段。在此阶段，教师会努力增进与充实和教育相关的知识，提高教学技巧和能力，设法获得新的信息材料、方法和策略。四是热心成长阶段。在此阶段，教师会更积极地追求其专业形象的建立，发挥热爱教育的工作热忱，不断寻找新的方法来丰富其教学活动。五是生涯挫折阶段。在此阶段，教师可能因教学上的挫折感或工作满足程度逐渐下降，而开始怀疑自己选择教师这份工作是否正确。六是稳定和停滞阶段。在此阶段，教师通常不会主动追求教学专业上的卓越。七是生涯低落阶段。在此阶段，有些教师感到愉悦自由，回想以前的桃李春风，而今终能功成身退；有些教师则会以一种苦涩的心情离开教育岗位，或因终止工作感到不安，或因对教育工作的热爱而觉眷恋。八是生涯退出阶段。在此阶段，有些教师会寻找短期的临时工作，有些教师可能会颐养天年等[②]。

（5）教师教学专长论

Berliner 将教师的发展分为五个阶段。一是新手型阶段。此阶段是教师获取教学所需知识和技能的阶段。在此阶段，新手型教师除了要学习一些具体

---

① Burden P R. 1981. Teachers' perceptions of their personal and professional development. Attitude Change，5（3）：65-72.

② Fessler R. 1985. A model for teacher professional growth and development. In Burke P J & Heideman R G. Career-long Teacher Education. Springfield，ILL：Charles C. Thomas：183.

的概念外，还要学习一些具体教学情境下的应对规则。二是进步的新手阶段。在此阶段，教师将自己的实践经验与所学的知识逐步联系起来，并能找出不同情境中的一些相似性，而且有关情境知识也在增加。三是胜任型阶段。此阶段的教师能够按照个人想法自由处理事件，依据自己的计划，对所选择的信息做出反应。四是能手型阶段。此阶段的教师对教学的自觉或领会很重要。他们通常能够从积累的大量丰富经验中识别出情境的相似性，能从截然不同的事件中考虑到其相互联系。五是专家型阶段。此阶段的教师不仅对教学情境有自觉的把握，而且能够以非分析性、非随意性的方式，理智地作出合适的反应。他们的行为表现自然、流畅、灵活[①]。

（6）教师生涯发展模式

Steffy 等将教师的发展分为五个阶段。一是预备生涯阶段。此阶段的教师具有理想主义、有活力、富创意、接纳新观念、积极进取、努力向上等特征。二是专家生涯阶段。此阶段的教师通常都能进行有效的班级经营和时间管理，对学生都抱有高度的期望，也能在自己的工作中激发自我潜能，达成自我实现的目的。三是退缩生涯阶段。此阶段包括三个分阶段。其中，第一分阶段为初期的退缩。期间，教师的表现不是最好，也不是最坏。他们很少致力于教学改革，所用的教材内容年复一年，他们的学生表现平平。这一期间的教师多半沉默寡言，消极行事，不过，当他们得到教育行政人员的适时、适当的支持与鼓励时，又会恢复到专家生涯阶段。第二分阶段为持续的退缩。期间，教师表现出倦怠感，经常批评学校、家长、学生，甚至教育行政部门，有时对一些表现好的教师也妄加指责。此外，这些教师会抗拒变革，对行政上的措施不做任何反应。第三分阶段为深度的退缩。期间，教师在教学上表现出无力感，甚至有时还会伤害到学生。但是这些教师并不认为自己有这些缺点，同时具有很强烈的防范心理。四是更新生涯阶段。在此阶段，教师具有预备生涯阶段朝气蓬勃的状态，即有活力、肯吸收新知识、进取向上。不

---

① Berliner D C. 1988-02-17. The development of expertise in pedagogy. In Charles W. Hunt Memorial Lecture Presented at the Annual Meeting of the American Association of Colleges for Teacher Education. New Orleans，La.

同之处在于，预备生涯阶段的教师对教学工作感到新奇振奋，而在更新生涯阶段的教师则致力于追求专业成长，吸收新的教学知识。五是退出生涯阶段。在此阶段，教师将开始离开教育岗位。有些教师开始安度晚年，有些教师则可能继续追求生涯的第二春天①。

（7）教师职业生命周期论

Huberman 把教师的职业生涯过程归纳为五个时期。一是入职期，即"求生和发现期"。期间，教师一方面表现出初为人师的积极热情，另一方面表现出面对新工作的无所适从，想尽快步入正轨而急切希望获得教学的知识和技能。二是稳定期。期间，教师逐渐适应了自己的工作，并且能够比较自如地驾驭课堂教学，初步形成了自己的教学风格，已经能够比较轻松、自信地从事自己的工作，且对提升自己的教学技能等方面有了新目标。三是实验和歧变期。该阶段是教师职业生涯道路上的转变期。教师的转变有两个方向：一方面，随着知识和阅历的增加，教师开始对教学及学校的相关工作进行大胆创新与改革，关注学校发展，对学校组织和管理中的漏洞进行批评和指正，不断挑战教师职业和自己本身；另一方面，单调乏味的教学轮回使教师产生了职业倦怠感，对是否要继续执教产生动摇，因而开始重新评估自己所从事的教师职业。四是平静和保守期。在此阶段，教师已经具有比较丰富的教育教学经验与教育教学技巧，不过他们专业发展的热情和动力有所降低，在工作上表现得较为保守。五是退出教职期。在此阶段，教师的职业生涯步入了逐步终结的阶段②。

此外，我国学者连榕提出了"新手—熟手—专家"三阶段理论，通过分析不同阶段教师的特点，运用对比分析的方法对专家型教师的教学专长发展作了深入研究③；李继峰主张把在岗教师的专业成长简化为新手型教师、胜任型教师、骨干型教师、专家型教师四个主要阶段，并对各个阶段所表现出来的特征进行了分析④；刘晓明认为，将专家型教师的发展过程分为职前阶段、

① Steffy B E，Wolfe M P. 2001. A Life cycle model for career teachers. Kappa Delta Pi Record，38（1）：16-19.
② Huberman M. 1997. The professional life cycle of teachers. Teacher College Record，9（1）：31-57.
③ 连榕. 新手—熟手—专家型教师心理特征的比较. 心理学报，2004，（1）：44-52.
④ 李继峰. "专家型教师"的理念与成长. 当代教师教育，2008，（3）：20-24.

新手阶段、熟手阶段和专家阶段较合适，同时也对各个阶段所表现出来的特征进行了阐释[①]。

三、教师专业发展理论的相关启示

审视以上不同研究取向的教师发展阶段理论，我们发现，尽管它们立足不同的视角、依据不同的理论，对教师的发展阶段进行了不同划分，但仍表现出了一些相同的地方：①将教师职前培养、入职教育及职后培训联系起来，将教师发展视为一个一体化的持续的专业发展过程；②认为教师的专业发展是一个终身的过程；③认为教师的专业发展具有阶段性，且各阶段的教师具有不同的特征或特性；④认为教师专业发展的动力来自其在环境压力下所产生的需求；⑤关注教师在各个发展阶段的特征；⑥教师专业发展的基本阶段依次为职前准备期（含职前师范教育阶段）、入职适应期、职业发展期、职业超越期四个发展阶段；⑦认为教师教育应为教师专业发展提供支持，且应根据教师在专业发展不同阶段所面临的问题和不同需要来实施。这七点启示有助于我们认识专家型教师成长规律并有效探索专家型教师培育机制。

第三节　教师教育一体化理论

随着教育社会价值的日益凸显，教师的职业地位明显提高。在此背景下，教师的素质及培育问题成为学界普遍关注的焦点。通过怎样的教育途径来提升教师的素质呢？针对这一问题，诸多学者主张通过一体化的教育途径来培育教师，即倡导教师教育一体化。本节将着力阐述与专家型教师成长与培育相关的教师教育一体化理论。

---

① 刘晓明. 关注教师的心理成长——专家型教师的心理塑造. 长春：东北师范大学出版社，2006：26-46.

一、教师教育

长期以来，我国的教师教育一直使用师范教育这一术语。由于教师职前培养和职后培训相分离，相互联系和沟通欠缺，从而给人留下师范教育只是对教师进行职前培养的印象。我国过去的"师范教育"本来包括教师的职前培养和职后培训两部分，但教师的职前培养和职后培训长期相对分离、相互沟通不够，因而"师范教育"容易被人误认为仅是对教师的职前培养①。事实上，师范教育长期以来一直重教师的职前培养而轻教师的职后培训，重理论教学而轻实践教学，因而，过去较长时间内一直将师范教育等同于教师职前培养是可以理解的②。不过，在终身教育理念得以倡导，以及教师专业化运动得以推动之后，师范教育这一概念的内涵已经显得狭窄而最终被教师教育这一概念所取代。

何谓教师教育？《国际教育百科全书》（*The International Encyclopedia of Education*）对"教师教育"的定义是，教师教育或者说教师发展，可以从养成、新任研修、在职研修三方面进行认识③；《中国大百科全书》指出，教师教育是指"培养师资的专业教育"④；还有学者认为，教师教育即在终身教育思想指导下，按照教师专业发展的不同阶段，对教师的职前培养、入职培训和在职研修通盘考虑，整体设计⑤。一般来说，"教师教育"是对教师职前培养、入职教育和职后培训的统称，是在终身教育理论的指导下，依据教师在专业发展不同阶段的特点，对教师有效实施职前培养、入职教育和职后培训的一体化教育过程。从内容上看，教师教育包括人文科学教育、学科教育、专业教育和教学实践；从顺序上看，教师教育包括职前教育、入职教育和在职教育；从形式上看，教师教育包括正规的大学教育和非正规的校本教师教育；从层次上看，教师教育包括专科层次教师教育、本科层次教师教育和研

---

① 汪文贤. 教师教育概论. 杭州：浙江大学出版社，2008：10.
② 徐红. 新政策背景下中小学专家型教师培养模式研究. 武汉：华中科技大学出版社，2014：24.
③ 转引自钟启泉. 教育的挑战. 上海：华东师范大学出版社，2008：5.
④ 转引自汪文贤. 教师教育概论. 杭州：浙江大学出版社，2008：10.
⑤ 梅新林. 浙江教师教育60年. 北京：中国社会科学出版社，2009：10.

究生层次教师教育。总的来说，教师教育就是各级各类培养和培训师资的教育，既包括普通教育，也包括成人教育和特殊教育，既包括学前教育、中小学教育，也包括高等教育等师资培养和培训。显然，从"师范教育"到"教师教育"并不是简单的概念替换或文字游戏，而是标志着教师培育进入到一个新的历史阶段，是教育发展的内在要求。"教师教育"更适应当今世界科技知识的更新和教育普及程度提高的要求。教师教育是对师范教育与教师继续教育的统合，是促进这两者相互联系、相互促进的现代教育体制，是对教师职前培养、入职辅导、职后培训的统称，适应了教师职业终身化、专业化、综合化发展的要求。

值得指出的是，"教师教育"这一概念在我国使用的时间并不长，是一个新兴的概念。尽管我国学界自 20 世纪 80 年代起便开始倡导以"教师教育"替代传统的"师范教育"，但直到 90 年代后期，"教师教育"才逐渐成为我国教育学术界的热门话语，而在国家有关文件中正式引入"教师教育"这一概念是 21 世纪的事情。从已有文献看，我国首次提出"教师教育"这一概念是在 2001 年 5 月 29 日颁布的《关于基础教育改革与发展的决定》中[①]。

由"师范教育"向"教师教育"的转变，反映了我国教师教育从封闭走向开放、从单一走向多元、从数量走向质量的变革，逐步实现了从继承到创新、从垄断到竞争、从地域化到网络化、从标注化到个性化、从知识导向到能力导向、从终结教育到终身教育的转型[②]。

目前，人们对教师教育的理解主要有三种：一是将教师教育作为一种现代教育体制，在教育制度的设计上要实现职前、入职和职后的连贯一致，为教师终身持续的专业发展提供外部条件和组织保障；二是将教师教育作为一种专门教育体系，在教师培养、培训目标和内容设置上要坚持内在衔接，为教师终身持续的专业发展提供内部依托和设计框架；三是将教师教育作为一种教育活动过程，使教育组织、教育实施及教育评价等活动贯通一体，为教

---

① 何菊玲. 教师教育范式研究. 北京：教育科学出版社，2009：9.
② 靳希斌. 教师教育模式研究. 北京：北京师范大学出版社，2009：3.

师终身持续的专业发展提供活动载体和实现路径。

二、教师教育一体化

教师教育一体化的提出，始于 20 世纪 70 年代《詹姆斯报告》中的教师教育"三阶段论"：个人教育阶段、准备教育阶段及在职教育阶段[①]。在这种观点得到广泛认同的基础上，1975 年，联合国教育、科学及文化组织（United Nations Educational，Scientific and Cultural Organization，UNESCO，简称联合国教科文组织）第 35 届国际教育会议通过《关于教师作用的变化及其对于教师的职前教育、在职教育的影响的建议》，强调了教师培养与进修相统一的必要性。随着终身教育思想深入人心，1996 年联合国教科文组织在《教育——财富蕴藏其中》的报告中提议，把终身教育放在社会的中心位置，重新考虑并沟通教育的各个阶段。自此，教师教育一体化成为各国教师教育发展的总趋势。

什么是教师教育一体化？有学者立足于演绎概念，认为教师教育一体化是指为了适应学习化社会的需要，以终身教育思想为指导，依据教师专业发展的理论，对教师职前、入职和在职教育进行全程的规划设计，建立起教师教育各个阶段相互衔接、既各有侧重又有内在联系的教师教育体系[②]。有学者立足于归纳概念，认为教师教育一体化包含五个方面的内容：一是纵向意义上的一体化，即打破教师教育职前培养、入职辅导、职后培训的割裂局面，建立一个内部各阶段相互衔接、相互补充的教师教育体系；二是横向意义上的一体化，即充分利用各种教育资源，建立学历教育与非学历教育、正规学校学习与教师自我导向性学习、互助性学习等非正规学习相结合的教师教育体系；三是发展意义上的一体化，即将教师的知识、技术、能力等智力因素发展与态度、情感、意志等非智力因素发展有机地结合起来；四是研究意义上的一体化，即教育的理论研究和实践研究的一体化；五是整体意义上的一

---

① 转引自张琳. 简论建立一体化的教师教育体系. 中国成人教育，2006，（9）：94-95.
② 张爱珠. 一体化应成为教师成人教育的理念和实践. 成人教育，2006，（8）：45-47.

体化，即教师教育与学校发展的一体化①。可见，教师教育一体化，其实就是为了适应学习化社会和教师专业发展的需要，以终身教育思想为指导，对教师职前培养、入职教育、在职培训进行整体规划设计，明确不同阶段的目标、任务和要求，并科学设计与之相应的培养模式、课程结构、评价方法等，力求各个阶段相对独立、各有侧重而又相互衔接、内在一体。首先，培养目标的一体化。实现教师专业化是教师教育的总体目标，实现这一目标要经历职前培养、入职教育、职后培训三个阶段。三个阶段的目标既有一致性，又有差异性，对此必须有清晰的认识和准确的定位。职前教育阶段以掌握知识、技能为主，重在形成教师的基本素质；入职教育重在适应工作环境，积累实践经验，提高教师运用知识于实际的能力；职后培训旨在知识更新、教学研究和提高业务能力，引领教师通过不断完善自我、超越自我而逐渐向专家型教师发展。其次，课程结构一体化。课程结构一体化的重点是实现职前培养、入职教育与职后培训的课程内容相互衔接、相互融通，前期内容要为后续内容奠基，后续内容成为前期内容的延续和提高，而不是简单的重复，使之既呈现阶段性，又体现整体性。再次，培养过程一体化。教师的成长是一个持续不断的发展过程，需要经历教师教育专业大学生（师范大学生）—新手型教师—胜任型教师—能手型教师—专家型教师等几个专业发展阶段。强调培养过程一体化，就是要立足终身教育的视角去整体审视与规划教师培养过程，研究教师从前一个阶段发展到后一个阶段的影响因素、内在规律、动力机制以及各阶段教师专业发展的特殊需求，并据此设计教育内容和方法，将培养过程与教师的成长过程密切结合起来，使前者成为后者的"催化剂"和"得力助手"，促使更多的教师成长为专家型教师。最后，师资配置一体化。建立一支通力合作、各有侧重的高水平的教师队伍，把最合适的教师用在最合适的地方，从而为教师的专业发展提供强有力的指导和帮助②。

　　教师教育一体化是"师范教育"向"教师教育"转型的内在诉求，同时又是推动教师教育发展的组织机制保障和主要实现路径，与教师专业化的时

---

① 伍力，郑开玲. 关于教师教育一体化建设的若干思考. 教学与管理，2006，（33）：32-33.

② 段作章. 教师专业化取向的教师培养模式改革. 煤炭高等教育，2007，（5）：53-56.

代要求密不可分。教师教育一体化是指，为了适应学习化社会的需要，以终身教育思想为指导，根据教师专业发展理论，对教师职前培养和职后培训进行全程的规划设计，建立起教师教育各个阶段相互衔接的，既各有侧重，又有内在联系的教师教育体系。教师教育一体化又称为一体化的教师教育，其含义有三层：①职前培养、入职教育和职后提高的一体化；②中小幼教师教育一体化；③教学研究与教学实践的一体化，即师范大学与中小学的伙伴关系[①]。

三、教师教育一体化理论的相关启示

　　教师教育一体化既是一种教师教育的核心理念，更是一个教师教育的实践方案与行动指南。第一，教师教育一体化要求打破教育理论与教学实践相脱节，"说"与"做"不统一的问题，通过一体化搭建起连接教育理论与教育实践的桥梁。第二，要打破条块分割的师范教育管理体制，建立统一协调的领导体制，形成上下结合、内外融通的教师教育网络。第三，突破教师职前培养、入职教育及在职培训相互割裂、不同教育机构相互隔离的局面，建立职前培养、入职教育及在职培训之间相互融通的教师培养与培训机构。第四，统一规划和设计教师教育的目标和内容，即把职前教师培养、新教师入职教育和在职教师培训这几个阶段的教师教育作为一个系统工程，从培养目标、课程结构、教育内容等方面统筹考虑。第五，重新调整、优化配置教师教育的师资队伍，建立一支职前、入职及职后既有侧重，又有合作的教师教育师资队伍。第六，重新构建各级各类教师教育机构和中小学（包括幼儿园）的关系，建立教育理论与教育实践的对话平台。这些启示对于专家型教师的成长与培育来说十分重要。

---

① 王建磐. 教师专业化与教师教育政策的选择. 高等师范教育研究，2001，（5）：1-4.

第三章 专家型教师的成长个案

教师成长规律是指一名教师在从准教师向新手型教师发展，继而成为熟手型教师直至专家型教师的过程中，必然遭遇的一系列内外因素的影响，以及在这些内外因素的影响下，其从教情意、从教观念、从教品格、从教知识和从教能力等有关教书育人的特质所必然表现出来的相应变化。要想明晰教师的成长规律，必先窥视教师的成长历程，然后才能从中探寻影响其有关教书育人特质的一系列因素，继而探索有助于促进其有关教书育人特质不断向专家型教师应备特质变化发展的途径。为此，本章选取语文、数学、英语、物理和化学五个学科专家型教师各一名为代表，运用个案研究的方法，探讨其成长历程，为下一章探索专家型教师的成长规律铺垫基础。

第一节 语文专家型教师的成长个案

研究对象：李老师，男，1971 年出生，从教 27 年，A 县初级中学语文教师，中学高级教师，县优秀骨干教师。李老师曾于 1987 年就读 A 县中等师范学校，1990 年中等师范学校毕业后先在 A 县某农村小学任教 6 年，之后因工作业绩突出而被调入该县县城某初中工作，迄今为止，他一直在该初中任教。在工作期间，李老师通过函授学习拿到了某大学的专科文凭。李老师所任教班级连续九年在全县期末统考中入围初中年级排名前三名。李老师喜欢反思教育教学问题，曾参与省级教育科学规划项目两项，主持县级项目一项，在《考试周刊》和《班主任之友》两个刊物上各公开发表文章一篇。

一、怀揣教师梦，踏上师范路

有梦想才会有追求，儿时的梦想往往成为人生追求的目标。李老师正是因为从儿时起就有了当一名教师的梦想，所以才有了日后报读师范学校的抉择。

李老师：我出生于一个贫困乡村，小时候，不仅我自己家里很穷，而且我家所在的整个村庄甚至附近几个村庄都很穷。由于小时候经常听家长和老师说"读书能够改变命运"之类的话，我从小便有通过读书来改变穷困命运的想法。为此，我上学读书的热情特别高，尽管当时上学条件着实艰苦……可能因为我从小就有"英雄情结"，希望通过自己的努力来帮助同村人甚至周围乡村的人们改变贫穷命运，所以我从小便有了长大读书后回乡当一名老师的想法。那时，我们乡村的教师极为缺乏，我认为自己若能师范毕业回到家乡当老师，就可以壮大家乡的教师队伍，从而可以让家乡更多的孩子通过接受足够的教育而改变贫穷落后状况。哈哈！现在一回想起当时的想法就觉得儿时的我好幼稚、好可笑，简直把自己当成了救世主。不过，话说回来，确实是儿时那种简单而纯真的想法，促发我初中毕业后便欣然报读本县中等师范学校。

为了累积日后当好教师的资本，在中等师范学校求学期间，李老师不仅认真学习所修的汉语言文学专业知识，还学习了如何教好语文这门课程的教学法知识，认真修炼诸如"三笔一画"①、普通话等教学基本功。此外，李老

---

① "三笔一画"，即毛笔字、钢笔字、粉笔字、简笔画。

师还充分利用毕业实习的机会，努力学习课堂教学技能与班级管理技能。

李老师：教师职业是一个比较复杂的育人职业，它不仅需要教师对教育事业热爱和对学生挚爱，而且需要教师具有扎实的专业基础与专业技能。为了能够胜任语文课程的教学工作，我在中等师范学校读书的 3 年期间，学习比较认真，不仅各门理论课程的考试成绩不错，而且毕业实习的成绩也是优秀。对我来说，感觉求学期间的学习对后来从事教师职业的帮助还是挺大的。

二、实现教师梦，开启新征程

李老师一毕业就走上了教师岗位，成了一名新教师。自到任职学校报到的那一刻起，李老师便真正开启了他的教师职业生涯。然而，教师与学生的角色是完全不同的，要想顺利实现从学生身份到教师身份的转变并非易事，必须克服诸多困难，付出诸多努力，经历诸多磨炼。

李老师：原以为当教师很容易，没想到好难。刚入职那会儿，我不仅对刚刚接触的生活环境不太适应，而且因缺乏教育教学经验而时刻处于紧张状态，危机感很强，生怕自己被学校领导、其他教师瞧不起，心情真的很压抑、很郁闷，甚至有时还有烦躁之感。怎么办呢？既然选择了教师职业，就应该好好干，何况当教师是我自己一直的梦想。庆幸的是，当时我遇到了一位教育教学经验比较丰富的语文老师，他不仅经常鼓励我、开导我，而且还经常为我传经送宝。那时的我，好像抓到了一根救命稻草，不仅遇到问题总喜欢向他请教，而且总喜欢抽时间去听他讲课。在不断实践、反思、总结中，我的教学信心有所提升。

三、拓展教师梦，创造新篇章

一分耕耘一分收获。经过 6 年的摸爬滚打与勤学好问，李老师不仅积累了诸多教育教学经验，而且收获了一些教育教学成果。由于品德良好、工作勤奋、业绩突出，李老师在乡村小学任教语文6年后，被上调到县城一所不错的初级中学任教语文。从乡村学校任教到县城学校任教，从任教小学语文到任教初中语文，这一切对李老师来说，不仅是一个全新的开始，而且是一个全新的挑战。为了应对新的挑战，李老师开始在教学方法与教学模式上积极尝试改革，并不断及时进行教学反思。为了能够应付新的挑战，李老师开始主动将自己的教学反思与同事进行交流，积极寻求同事的帮助与指导；为了与更多的同行进行教学交流，同时也寻求更多的专家学者指导，李老师开始将自己撰写的一些教学反思类文章投寄到《考试周刊》和《班主任之友》等刊物上公开发表。此外，为了拓展教育教学视野、更新教育教学观念、丰富教育教学知识、提升教育教学能力，李老师不仅积极谋求培训进修的机会，而且通过参加领导和其他教师主持的省教育科学规划课题进行主动研修。通过教育教学反思、培训进修、课题研修等途径，李老师不仅积累了教育教学知识、提升了教育教学能力，而且转变了教育教学观念。

李老师：1996年年底，我从乡村小学调到县城初中任教，对我来说算是一次升职吧，这次上调，虽然是一个发展的好机会，但也是一个前进的大挑战。县城初中与乡村小学相比，无论教学条件、教学对象，还是教学氛围，都存在天壤之别。此外，同事之间的竞争也更加激烈一些。因而刚调过去不久，我感觉压力特别大。当然，正是那种压力才驱使我不断主动反思自己的教育教学，不断求教于经验丰富的同事。上调到县初中任教后，我开始养成了写教育教学心得的习惯。在教研组的教育教学研讨会上，我常常主动汇报我的教育教学反思，并虚心听取同事的宝贵意见与经验。有时候研讨会结束后，我还会补写或提炼一下教育教学反思，如果自认为哪篇反思还算有点价值的话，我还会鼓起勇气向某些刊物投稿。迄今为止，我已有2篇文章公开发表了呢！当然，我知道自己的教育教学反思能力与撰写教育教学心得的能力和其他老师还有差距，这正是我的奋斗目标。

　　李老师：刚参加工作的时候，我觉得提高学生的学习成绩是最重要的，那个时候我思考得更多的问题是如何提高学生的学习成绩，但现在我思考得更多的问题是如何提高学生的综合能力。这是因为，通过几次培训进修，我逐渐意识到教育的根本目的不是让学生获得知识，而是让学生学会做人、学会思考。对教师来说，提高学生的学习成绩固然重要，但更为重要的是，通过教育促进学生全面发展。通过参与领导和其他教师主持的课题，我的教学研究能力与教学反思能力得到提升，一些较为陈旧的教育教学知识与理念不断更新，我自认为进步不小！

四、升华教师梦，超越无止境

　　教师的成长轨迹不是一个一直上升的直线或曲线，而是上升到一定阶段后会出现相对平稳的状态，这种状态就是人们通常所说的职业高原期。如同其他从业者一样，教师的职业高原期也往往是教师的职业倦怠期。一旦从业者因为职业倦怠而长久处于职业高原期，则他的职业前途也将随之消失。职业高原期的产生，或因为从业者感觉工作单调重复，或因为从业者感觉工作挑战过大，或因为从业者感觉工作前途渺茫……对一位智者来说，如何冲破职业倦怠而越过职业高原期，不仅是其必思之问，而且是其必克之题。对从教近 27 年的李老师来说，同样也经历过职业高原期的历练。令人欣喜的是，经过自身努力，李老师终于跨过了职业高原期，迈向了教师生涯的更高起点。

　　李老师：从教十多年后，尽管工作成绩与工作能力得到了许多学校领导和其他教师、学生家长和学生的认可，但我突然感觉工作上缺乏了动力，加之社会给予教师的压力越来越大，我顿有逃离教师职业的念想。幸好在那个时候，学校领导安排我外出参加一次骨干教师培训。在培训过程中，我聆听了不少教育专家和优秀教师的报告与讲座。那次培训，不仅使我增添了许多新的知识，而且让我重新找回了教师职业的价值与职责，并对教育的意义有了新的认识，对叛离教师的念想有了负罪般的悔恨。培训结束后，我按照一位王姓专家的建议，不局限于教学反思及被动参与他人课题做研究，积极主动申报项目，通过教学研究来丰富自己的职业生活、提升自己的职业品位。通过开展教学研究，我不再视自己为"教书匠"，尽管教学研究加重了我的工作负担，但我感觉比过去快乐多了，教学研究让我重新找回了当教师的自信、自尊与自豪；通过开展教学研究，我不再陶醉于自己的教学业绩与工作能力，随着现代教育技术的发展与互联网的广泛延伸，教师职业的挑战将会越来越大，只有与时俱进的教学才不会滞后于时代的发展。

第二节　数学专家型教师的成长个案

研究对象：杨老师，女，1965 年出生，B 县某高级中学数学教师，中学高级教师。杨老师 1986 年毕业于某师范学院数学系，获得专科学历；1999 年起在另一所综合性大学教育学院在职进修本科并于 4 年后获本科学历与学士学位。杨老师大学专科毕业后一直在 B 县某高级中学任教，已有 30 多年教龄；工作期间，曾获 B 县教学竞赛一等奖 1 次，二等奖 3 次，市级教学竞赛二等奖 1 次，主编校本乡土教材 1 部，参编高中数学教辅资料 1 部；所任教班级学生的期末考试平均成绩连续 5 年在全县高中同年级中排列第二名或第三名。因师德高尚、业绩突出，2015 年被授予"特级教师"称号。

一、家境贫寒，报读师范

教育经济学认为，教育投资需要一定的成本，这种成本一部分来自社会，称为社会成本；另一部分来自个人，称为个人成本。其中，教育的个人成本是指由学生本人、家庭、亲友等为学生受教育直接支付的学费、杂费、书籍文具费等直接成本，以及学生因上学而未就业可能放弃的就业收入这种间接成本①。假若一名学生及其家庭认为某种教育的个人成本过高而无力负担或不愿负担时，则很可能放弃接受这种教育。这是过去许多寒门子弟虽然学习成绩优秀而无法或不愿上大学的主要原因之一。在 1997 年我国普通高校招生并轨改革前，我国一直实施着师范生"统包、统分、免费入学、毕业分配"的招生就业制度。那时的师范生，上学期间不仅不用缴纳学费，反而可以获得一定的生活补贴，因而对于不少寒门子弟来说，选择报读师范院校，不失为一个明智的选择。杨老师即是其中一员。

　　杨老师：我出生在农村，儿时体质较差，担心成年后难以担负体力强度较大的"农活"，因而从小就有通过努力学习而跳出"农门"的愿望。为了实现这一愿望，我在学习上一直很努力。说实话，从上小学起直到高中毕业，我从未认真思考过自己将来准备从事什么职业这个问题。由于不知道未来想从事何种职业，高考后填报志愿时，我也不知道填报哪类高校，更不知道报读哪类专业。记得当时我的父亲对我说："我们家里经济条件不好，据说读师范不但不用缴纳学费，反而可以获得一定的生活补贴，你愿意读师范不？"而那时我的母亲补充道："女孩子读了师范后当一名老师也不错呀！虽说收入不高，但工作稳定嘛！"我那时想，既然父母这样说，我就遵从吧，只要能够跳出"农门"就行了，甭管什么类型的学校都行。我的数学成绩一直很好，因而我便报读了师范学院的数学系。

二、感悟师范，立志从教

　　现实中有不少人，并非从小就树立了成人后将要从事某一特定职业的理想，而是通过逐步认识与该特定职业相关的知识以后，才开始产生甚至坚定

---

① 范先佐. 教育经济学. 北京：人民教育出版社，2002：285.

了从事该特定职业的意愿。这即俗话所言"知之深、爱之切、行之坚"。心理学对这句话的解释是，认识既是情感产生的基础[①]，也是意志产生的基础[②]，情感随着认识活动的发展而发展[③]，意志随着认识和情感的发展而发展[④]。其意通俗地讲便是，一旦人们对某一特定对象认识得越深刻，就会对该对象喜爱得越深切，随之趋向该对象的行为也就会越坚定。这句话用在杨老师身上非常合适。杨老师在读师范院校之前，因缺乏对教师的深入认识且暂无当教师所必备的知识与能力，而缺乏当一名教师的明确意向，但是，在接受师范教育的过程中，随着她对教师职业的认识越来越深，且对教师必备知识与能力的积累越来越多之后，她便产生并坚定了毕业后当一名教师的意愿。

> 杨老师：读师范的时候，我不仅修习了一些数学类的课程，而且修习了一些教育类的课程。在毕业实习期间，通过到实习学校听课、试讲、批改作业等活动，我还学会了一些教数学的方法与技巧。说实话，当我以一个实习教师的身份进入中学实习的时候，我脑海中立马闪现出我当年在中学学习时的一幕幕场景，尤其是，当我看到有些学生因为一道几何证明题无法破解而眉头紧皱甚至焦头烂额时，我仿佛看到了当年的我。当我以一名实习教师的身份聆听中学教师讲解数学难题时，我不再像中学时代一样满足那道题到底应该怎样做了，而是开始思考那道题为什么要那样做，以及如何通过更好的讲授技巧而让学生更好地理解题目的做法等问题。通过接受师范教育，我不再认为当一名教师很简单，同时，也逐步懂得教师的教学方法与教学技巧对提高学生的学习成绩与学习兴趣是何等重要。通过接受系统的师范教育，我不仅对教师职业有了全新的认识，而且对教师职业有了由衷的情感。

---

① 王雁. 普通心理学. 北京：人民教育出版社，2002：233.
② 黄希庭. 心理学导论. 北京：人民教育出版社，2005：553.
③ 王雁. 普通心理学. 北京：人民教育出版社，2002：233.
④ 黄希庭. 心理学导论. 北京：人民教育出版社，2005：554.

三、初为人师，亦步亦趋

教育活动的主体有教师主体和学生主体两类，其中，教师是教育活动中"教"的主体，学生是教育活动中"学"的主体。教师和学生在教育活动中扮演的角色是明显不同的。对一名师范院校的毕业生来说，刚入职场便面临着从学生角色向教师角色转变，这种角色的变化，往往需要一个过程，一般来说，这个角色转变的过程少则需要一年半载，多则需要2～3年。处于角色转变期的教师常被称为新教师。新教师由于缺乏教育教学实践经验，在教育教学实践中常常担心犯错误或做得不够好而遭受学校领导和其他教师、学生及其家长的责备、非议，于是，在教育教学活动的各个环节中，新教师通常表现得小心谨慎，有时甚至显得束手束脚。杨老师也经历了这样的角色转变期，在这个角色转变期间，杨老师有着诸多的感悟。

杨老师：最初站上讲台的时候，心情既兴奋又紧张，兴奋的是终于能以一名正式教师的身份教学生，所以每天都怀着满腔热血和激情投入到工作中去。紧张的就是怕课上得不好。当时让我印象最深的一点就是，作为一名新教师，尽管我备课时预设了课堂上与学生进行互动的环节，但一站上讲台我便忘记了互动环节，一个人站在讲台上滔滔不绝地讲，一不小心便将课堂变成了"满堂灌"，因缺少与学生的互动，一节课便成了我个人的表演课了。其实，读师范的时候，老师经常对我们讲，课上对学生进行必要的引导是最重要的，教师不能在课堂上唱独角戏，学生也是课堂的主人，理想的教学应是教师主导、学生主体。遗憾的是，刚开始执教时，由于没有教学经验，很难自觉想起昔日老师对我们讲过的那些话，甚至可能从心底还不太认同老师和书本上讲的那些所谓的理论！现在回想起来觉得很惭愧！

杨老师：如果教师成为课堂的主角，一节课上大多数时间是教师自己在表演，那么，学生的收获必然是非常有限的。对老师在课堂上讲的很多知识点，学生可能只是当时听了一下但没多久便忘了。尽管这些道理我当时也懂，但是执教之初，因为没什么经验，所以课上与学生的互动很少，学生发言的机会也少，导致学生的学习效果很不理想，让我感觉大学里学到的理论知识，很难运用到实际教学中来。

杨老师：课堂是鲜活的，仅指望师范期间所学的那点理论来指导课堂实践是远远不够的。怎么办呢？我开始主动向数学组的资深教师请教，既经常去他们的课堂进行观摩学习并反思他们的教法，还主动邀请他们去听我的课并虚心听取他们的意见和建议。通过逐步积累教学经验，我收获了很多教育教学上的实践知识和技巧，知道应该如何引导学生去思考、去答问、去自学。

四、日积月累，稳中求进

教师是一种育人的事业，教育教学工作是一项极为复杂的工作，因而，一名教师要想轻松提高自己的教育教学能力水平是不可能的，必须经历一个较长时间的发展过程。对一名教师来说，只有不断直接或间接地积累教育教学经验，不断地反思自己的教育教学经验，学习他人的教育教学经验才能及时发现自己在教育教学上的优势与不足，及时改进自己的教育教学方法与策略，有效地提升自己的教育教学能力水平。这一点，在杨老师身上也有明显体现。

杨老师：通过多年来的摸索，我发觉教学反思对提高教育教学水平来说真的相当重要，如果不养成反思的习惯，你的教育教学水平就很难有较大的进步。我最开始教书的时候，每上一次课就写一篇教学反思日志。教学反思写些什么呢？比如说，这次上课我觉得我的优点在哪里，哪个环节因设计得较好而调动了学生学习的积极性，哪个环节准备得不够充分而导致学生上课时打不起精神，哪个知识点下次再讲的时候我应该如何处理等。我想强调的是，写教育教学反思需要坚持，不能三天打鱼两天晒网。通过坚持写反思日志，我的收获很大。通过撰写反思日志，我能从中看到自己的不足，并促使自己不断去改进，这对提升我的教育教学水平来说十分重要。

五、百尺竿头，更进一步

教师职业是一种专门化的职业，从理论上讲，从事教师职业的教师理当不应将教师职业视为一般的职业，更不应将教师职业视为一种谋生的手段，而应将教师职业视为一种志业。为此，一名甘于奉献教育事业的教师通常不会因为自己的教育教学业绩达到了较高程度而止步，相反，他通常会以精益求精的态度继续努力，以争取在教育教学领域取得更大的进步与成功。杨老师就是这样做的。

杨老师：在教师岗位上工作了大约 10 年后，我在教学方面明显有了成就感。一是因为我所任教班级的学生数学期末考试平均成绩开始挤进全县前三名；二是学校领导肯定了我的教学能力，开始让我任教"实验班"的数学课；三是我在数学教研活动上的发言越来越得到同事的认同；四是感觉学生越来越喜欢上我的课了。不过，我自己的心里很清楚，其实，我在数学知识的归纳和整理方面还有很大的提升空间。为此，我尽可能多地阅读有关书籍，进一步反思教学，听更多的优质课，向更多的名师请教，找更多的机会参加进修培训等。

杨老师：如果一位教师的生活圈子局限于自己的学校，当他在教学上取得了一定的成绩后很可能会满足现状。但是，一旦他走出自己的学校而与校外名师交流后，便会觉得自己还有很多方面需要努力。尤其是，一旦他外出参加培训、听过专家学者的报告后，更会觉得自己原来只是"井底之蛙"，原来自己无论在教育教学理念上，还是在教育教学策略上，需要学习与提高的地方都很多。尤其是，目前，多媒体技术逐渐成熟，互联网也洪流般地入驻校园了，作为一名教师必须与时俱进，否则难以维持作为一名教师应有的"权威形象"。

六、不忘初心，继续前行

教育教学能力的提升是无止境的，即使是专业水平达致成熟状态的专家型教师，其教育教学能力也不可能达到极致。从教师职业的性质与对象看，教师职业是一个需要终身学习才能胜任的职业，在当今时代，教师不仅要教会学生知识、教会学生学习，还要成为终身学习的示范者和引领者。作为一名教师，如果视教师职业为一种志业，才会不忘自己当初选择当教师的初心，继续前行在教改探索的路上，不断超越自我，最终成长为一名专家型教师乃至教育家型教师。杨老师正是因为这样做了，才会有今天的成就，才会成为人们心中的专家型教师。

杨老师：我认为"一生备一堂课"是一名老师理应做到的事情，主要原因在于：第一，基础教育阶段的教学内容虽然变化不大，但教学要求每年都在变化；第二，教学对象学生在变化；第三，随着信息技术的发展，教学手段也在不断变化。

杨老师：人本应活到老学到老，对当教师的人来说，因其职业的特殊性，就更应如此了。正如我之前说过，每上一节课都会写教学反思日志，因为问题是不断出现的，你面对的个体也是不断变化的。不少人说现在的学生跟以前不一样了，越来越不听话了，但你要从正面的角度来看的话，不是他们越来越不听话了，而是他们的思维变得更活跃了。现在的学生从小接触的东西很多，有很强烈的质疑精神，不会再"愚忠"了，不会觉得老师说的就是绝对正确的，他对你说的话会产生质疑，因为你的教学对象是人，他有思想，他是在不断变化的，所以必然需要当老师的人"一生备一堂课"了。时代在变化，教育对象也在变化，作为教师，你所传的"道"、授的"业"、解的"惑"，都应是与时俱进的。比如，在应试教育的氛围下，为了学生考出好成绩、获得高分数，教师就应该教给学生解题方法，把重点放在培养学生的解题思维和答题步骤上；在素质教育的氛围下，高考制度与模式变化了，社会对一线教师的要求也会发生变化，那么，一线老师就要重新调整课堂教学。总之，作为教师来说，应该时刻牢记一句话："终身学习，与时俱进。"

第三节　英语专家型教师的成长个案

研究对象：龚老师，女，1973 年出生，高级教师；1996 年毕业于某部属师范大学英语本科专业，获文学学士学位，毕业后一直在 C 市重点高中任教英语，现为该高中两个"火箭"班的英语老师，所任教班级的英语期末平均成绩连续 5 年稳居全市同年级前三名。曾参加市级教学比武并取得英语组一等奖第一名的好成绩，为该市优秀教师、英语学科带头人。因业绩突出，先后被聘为某省属重点大学和某部属师范大学英语"国培"专家。龚老师善于撰写教学反思与心得，且多篇反思与心得公开发表在《英语周报·教师版》及《考试周刊》等杂志上。此外，龚老师目前还承担了一项市级英语教学改革项目。

一、谨遵父言，报读师范

孝顺的孩子不仅时时顾及长辈的感受、处处留心长辈的看法、事事听取长辈的意见，在高考之后填报大学志愿的事情上也会认同长辈的观念，从而表现出与长辈内心想法一致的行为。龚老师便是这样一位孝女。高考成绩公布之后，龚老师看似主动填报了师范大学，其实，那时她没有仔细想过自己未来的职业问题，只是简单地认为"姜还是老的辣"，长辈建议自己填报师范大学自然有一定道理。就这样，龚老师进入了一所部属师范大学外国语学院，成为一名英语本科师范生。

龚老师：高中时，因为学习氛围很紧张，学习压力很重，我从未认真思考未来的职业定向问题。高考成绩出来之后，我也不知道填报什么学校、什么专业为好。我为此咨询过我高三的班主任和同届毕业同学，但始终没有明确决断。后来，我征求了父母的意见。记得当时我父亲说了一连串的理由：首先，你的高考总分虽然过了重点本科分数线，但超过的分数不算多，若填报农、林、师范类重点本科高校则较易调档；第二，你是一个女孩子，大学毕业之后当一个老师挺好，相对稳定，我和你妈也不指望你将来赚很多钱为我们养老；第三，老师工作的地方是学校，工作环境比较单纯，你作为女孩子在这样的地方工作，我和你妈就更为放心；第四，老师每年都有较长时间的寒、暑假可以自由支配，你刚好可以多一些时间陪陪你妈妈；第五，你的英语成绩一直挺好，何况你那么喜欢英语，如果以后当了英语老师，则一辈子和英语打交道，这不是很好吗？此外，还有一点便是，我非常羡慕当老师的人，只恨自己的书读少了，没有资格当老师，私下总是盼着你能代我实现教师梦呢！我的父亲虽然是一个小学都没有毕业的普通农民，但他认为读师范、当教师有这么多优势，是一个更好的选择，我还有什么话可说，还有什么理由不填报师范院校呢？当然，我也不是完全盲从我父亲的意见，而是觉得父亲的分析真的既实在、又在理。在此想要强调一下，尽管我是听从父亲的意见而选择报读师范大学，但这种选择并非是被动的选择，而是认同父亲的看法之后做出的一种主动选择。为了未来能够当好一名老师，在四年的师范院校学习过程中，我认真学习教育学、心理学及英语教学法等教育类课程的理论知识，认真参加"三笔一画"及教学技能的训练，认真参加毕业实习。通过四年的学习，我逐渐清楚了教育的本质、教育的目的、教育的属性，明确了教师的地位、角色、责任等，并掌握了如何开展教育教学等的实践技能，尤其是，我发现了我国教育领域还存在诸多亟待解决的现实问题并产生了想要亲自参与并解决这些现实问题的意愿与决心。

二、初入职场，拜师学艺

教育既是一门科学，又是一门艺术。一个人具有厚实的教育理论知识并不代表他具有扎实的教育实践能力，教育理论要想指导教育实践必须通过教师这个中介角色进行转化。无数实践表明，只有具有丰富教育实践经验并深谙教育艺术的人，才能扮演好这个中介角色，发挥中介转化功能。对初入教师职场的新教师来说，教育教学实践经验缺乏，对教育艺术领悟有限，因而暂时难以扮演好这个中介角色。在现实中，初入教师职场的新教师常常拜一个年龄较长、工龄较长、经验较丰富的资深教师为师，通过经常听这位"师傅"①的课、经常邀请这位"师傅"点评自己的课等方式，不断积累实践经验，从而逐渐提升自己的教育教学能力。

龚老师：我们学校有一个"拜师学教"的活动，每个学年开始时，学校领导都会给每个入职的新教师指定一位"师傅"。入职不久，学校领导给我安排了一位"师傅"型老教师，告知我尽可能跟着那位老教师学习。我那时正苦于没有教学实战经验，明显感觉虽然自己教学准备很精心、教学过程很用心，但教学效果却很闹心。有了"师傅"后，我不仅尽可能去听她讲课，而且还特意邀请她听我的课，借此更好地指导我上好课。此外，我备课前会征求她的意见，备课后会将备课详情向她汇报，以便获得她更多的指点。曾记得那个时候的我，因为担心上不好课而遭到其他教师的轻视，只要没有上课任务，就提着凳子去听"师傅"及其他前辈们的课。刚开始听课时，唯恐漏掉某一个细节，我通常带着录音笔进行全程录音，听完课后立马整理录音并琢磨其中的奥秘。听了大概半个学期的课后，我便开始只记"师傅"或前辈讲课的主要步骤，并且会不由自主的反思诸如"这样的教学内容，换成是我，我会怎么处理"之类的问题。之后，我在自己的课堂上，便会结合从"师傅"或前辈那

---

① 此处的"师傅"是指学校为新入职的教师指定的具有丰富教学经验的老教师，目的是更好地实现"传""帮""带"作用，继而更有效、更迅速地促进新教师的专业发展。

里学来的经验实施教学。

三、不甘落后，敢为人先

职业心理学的研究表明，性格与职业之间具有十分密切的关系。"性格类型与职业类型的匹配度，决定着事业的成功与否"[①]，即个体的性格影响着个体对职业的适应，不同的性格适合从事不同的职业，并产生不同的职业成就。研究表明，甘于平凡但不甘于平庸是一名专家型教师应备的性格[②]，是一名教师能够成为专家型教师必备的品质。龚老师正是具备这种性格品质的专家型教师，她从不甘于落后于人，总是想方设法练就教育教学本领，千方百计跻身先进群体的行列。

　　龚老师：我是一个性格比较要强的人，凡事都想争个先进。为了能够从一群新教师中快速脱颖而出，我不仅勤学好问、积极撰写教学心得，而且主动订阅如《中小学外语教学》之类的杂志。通过撰写教学心得和阅读相关杂志，我收获很大。我不仅逐渐学会了如何上好一节课，而且开始意识到教学研究对提高教学能力的重要性与关键性。当我的教学能力得到校长和同事的初步认可后，我便开始有意识地研究教材与教法，并有意识地把历年高考英语真题拿来琢磨，有意识地比对知识点，从中领悟高中英语真正意义上的重点、难点与关键点。我是一个对自己要求比较严格的人，我觉得只有自己拥有海量的水，才能保证有足够的水倒给学生。为此，我坚持反思自己的课堂，并将自己的课堂和名师的课堂进行对比。我会反思自己所上的每一节课，反思学生掌握了多少知识，反思学生对某节课有无兴趣及其原因，反思怎样处理文本更好，反思怎样提升自己课堂讲授的感染力等。有反思才有变革。在教学过程中，我结合自己的反思与体悟，大胆改进课堂教学，创新教学方法，尽可能充

分激发学生学习的主动性与积极性，尽可能做到将课堂还给学生。

作为优秀的一线高中英语教师，龚老师热爱教育事业，关心学生成长，在教学上勤于思考，善于总结。在打造"高效课堂"的实践过程中，她把"解决实际教学问题，践行课改理念"作为不懈努力的动力。她在教学过程中，不断尝试、不断反思，最后得出一条可行性结论：只有从语言、学生和环境三个维度对外语教学进行整体考虑，才能对外语教学进行科学的顶层设计和有效的课堂操作，从而才能获得长期的、稳定的教学效果。龚老师非常注重学生的语感培养，并认为培养的途径必须兼顾"学得"与"习得"。正是基于这种理念指导下的课堂改革，才使她所任教的班级英语学科成绩一直遥遥领先，也正是基于这种理念指导下的课堂改革，才使她辅导的学生多次在全国中学生英语能力竞赛中斩获佳绩。

四、累积智慧，超越自我

教师职业是一个脑力劳动和体力劳动并存、工作要求很高、工作压力很大、工作时间很长的职业，对于从业者——教师来说，从业时间一长，往往就会出现职业倦怠感。所谓职业倦怠感，是指教师工作压力得不到有效缓解而产生的心理、生理上的疲惫，工作能力下降、工作热情消失，对他人日益冷漠、工作成就感降低等一系列负性症状[①]。当职业倦怠感产生的时候，愚者或懒惰者往往会因不思进取而使自己的职业生命日益颓废，智者或勤劳者则常常会因克难奋进而使自己的职业生命日益辉煌。在教师职业生涯中，如同许多教师一样，龚老师也出现过职业倦怠感，不过，龚老师是一位智者，她并未因为职业倦怠感的出现而在工作上停滞不前，相反，她通过教学研究的方式化解了魔鬼般的职业倦怠感，并以教学研究的方式充实了自己的教育人生。

龚老师：曾记得十多年前的某段时间，我跟许多同事一样也有了一

---

① 罗蓉，李瑜. 教师专业发展：理论与实践. 北京：北京师范大学出版社，2016：156.

种所谓的职业倦怠感，而且我还感觉我的这种倦怠感好像特别强烈，甚至当时有了不想继续当老师了的想法。其中有一段时光我记得特别深刻。那是2008年春季开学的前二天，由于我校高三某班的一位英语老师突然提出调离学校，于是学校临时安排我中途接手任教那个班级的英语。刚接手时，我便得知那个班学生的英语成绩不仅相对其他学科课程成绩来说较弱，而且在全校11个班级中从无排名前三的历史，因而当时我心里压力很大，感觉要提高该班学生英语成绩不是一件容易的事情。果不其然，尽管我付出了很多努力，但两个月之后的月考成绩并无明显起色。在接下来的期中考试成绩总结大会上，分管教学的校长在会上公开批评那个班级学生的英语成绩差。尽管我早就做好了挨批的心理准备，也理解学校领导的做法，但当时还是感觉特别郁闷，因为我认为毕竟我为了提高该班英语成绩已经付出了很多很多，只是短期内难以看到明显的成效罢了，所以当时大脑中真的出现了放弃教师职业的念头。当然，或出于职业的本能，或出于我的性格，我并未放弃提高该班学生英语成绩的决心。为了破解该班学生英语成绩差这一难题，我开始实质性地开展教学研究。在一位教育专家的指导下，我开始访谈班上每个学生，征询我校两位资深英语教师和大学期间执教英语学科教学法课程的教师，认真反思并比较自己所上的每一节英语课，着手高强度集中练习单词、语法和句型，并着力从词汇和阅读两个方面进行突破。功夫不负有心人，一个学期过后，该班学生的英语成绩明显提升，经统计当年高考英语成绩发现，该班英语平均分已跃居全校同年级第一名。经过这件事后，我不仅彻底摆脱了职业倦怠感、增加了职业认同感，而且真正认识了教学研究的价值、启动了教学研究的自觉性。

龚老师：大凡事业上有追求，教学上追求完美的老师都不会拒绝教研的魅力。仅有教研的冲动是不够的，更要有行动。把自己的思想所得及时变成文字是一种很好的方法，它会有助于我们经验的积累，留住那些转瞬即逝的思想火花。比如，你在研读教材的时候，会在某一个问题上有自己的创见；在听课的时候，往往也会产生一种"我想这样处理"

的冲动；在读书或者与人交流的时候，我觉得得到了某种启发；在独立思考的时候，脑海中的想法也会拥挤着似乎要喊出声来。及时地把自己的思想变成文字，其实就是一种创造，这种热情会在事业中燃烧，渐写渐多，渐行渐明。这种教学研究和学习意识需要阅读大量的专业学术文献资料，不要说累，当我们的教学青春逐渐消逝时，我们的学问却日渐丰厚，我们对教育科学了然于心，我们的教育艺术日渐成熟，我们的教育生命不断延续。所以，教学研究对我来说，不是评奖和晋升的需要，而是成长的需要。

第四节　物理专家型教师的成长个案

研究对象：黄老师，男，1972 年出生，中学高级教师；1995 年专科毕业于某省属高校（现已与其他学校合并组建为一所综合性大学）物理电子专业，2007 年获某省属师范大学物理学函授本科学历。专科毕业后一直在 D 县某重点初中任教物理，所任教班级的物理期末考试平均成绩连续 3 年位居全县同年级前三名。曾参加 D 县教学比武并取得物理组一等奖第二名的好成绩。现为该县优秀教师、物理骨干教师。迄今为止，在《中学物理》杂志上公开发表教研论文一篇。

一、违背父愿，未读师范

子承父业的例子古今中外都有，但随着现代社会的发展，人们的就业观念、就业渠道、就业方式均发生了很大变化。黄老师的父亲退休前一直在 D 县某农村初中任教物理，几十年的工作经历使他与物理教师这一职业结下了深厚的情缘。黄老师从小便受到父亲的影响，特别喜欢摆弄无线电收音机、钟表、家用小电器之类的东西，不过，他并无意像父亲一样做一名物理教师。高考成绩公布后，父亲非常希望他填报师范院校，日后跟自己一样当一名物理教师，但黄老师当时因觉得教师职业没有挑战性而不愿当教师，所以选择了一所非师范类高校的物理电子专业。

> 黄老师：我的父亲是本县一所农村初中的物理教师，平时在家时，除了备课、批改作业和做些农活和家务外，其他时间便喜欢摆弄收音机、钟表之类的东西。那时候，同村人或附近村里人都喜欢将自家坏掉的收音机、闹钟或手表等物件拿到我家让我父亲帮忙修理。除此之外，他们有时也请我父亲到他们家帮忙搭接一下电线、装一下电表、修一下电灯等。受父亲的影响，我从小便喜欢学着父亲的模样摆弄收音机、钟表、家用电器之类的器物。从初二开始正式学习物理这门课程后，我便喜欢上了物理，在中学时代，我的物理成绩一直名列前茅。我虽然喜欢物理，但当时并无意愿未来做一名物理教师。记得当年填报高校志愿时，父亲明确表达了希望我填报师范院校物理学专业且未来能够成为一名物理教师的愿望。他对我说，当老师挺好，一是工作稳定，不担心下岗；二是收入虽然不高但养家糊口问题不大；三是寒、暑假时间较长且可自由支配；四是工作环境较好，人际关系比较简单；五是可以桃李满天下，自尊感和自豪感都较强。尽管父亲当时劝说了很久，我还是没有遵从父亲的意愿，而是毅然选择了一所工科类高校的物理电子专业。提起这件往事时，我觉得很后悔，填报大学志愿之际一时的任性与草率，给自己的人生留下了些许遗憾。

二、精心择业，甘当教师

若把人生比作大海，个人便是大海中航行的一叶方舟，方舟在大海里行驶的途中随时可能因某种原因而主动或被动地调整前行方向，继而最终选择驶向非预期的彼岸，择业是人生的一部分，同样也会因为某种原因而主动或被动调整择业方向，继而选择非预期的职业。毋庸争辩，人们在职业选择时，主动调整择业方向而做出非预期选择与被动调整择业方向而做出非预期选择之后的心理感受是不同的，前者常常是积极的心理感受，后者却通常是消极的心理感受。积极的心理感受引发积极的情绪，进而引发积极的行为，而消极的心理感受则导致消极的情绪，进而引发消极的行为。黄老师便是一个择业之时主动调整择业方向而做出非预期选择的人，他在多种职业选择面前，心甘情愿地选择了起初并不看好的教师职业。

黄老师：尽管我刚开始上大学时不愿意当教师，但经过大学（专科）三年的学习后，我不仅彻底改变了不愿意当教师的想法，相反，临近大学毕业时，我想要做一名教师的欲望异常强烈。之所以发生了这种巨大变化，我认为主要归结为大学期间长达一年半的家庭教师（家教）体验和大学毕业前三个月毕业实习体验的强烈对比。大一暑假期间，因母亲生病住院花了不少钱，使得原本不算富裕的家庭欠下了近万元的外债。在那个时候（20世纪90年代初），对一个农村家庭（尽管父亲是一个农村初中的正式老师，但母亲是农村户口，家也在农村）来说，一万元不是一个小数目。为了减轻家里的经济负担，从大二起，我便想方设法谋到了一份来之不易的家教（担任一个初中二年级孩子的数学和物理两门课程的家庭辅导）兼职，由于和孩子及其家人相处较为融洽，这份兼职一干便是一年半，直到大三下学期因必须外出毕业实习而不得不停止。由于我学的是物理电子专业，大三下学期，我和另外3名同学一起被派到一家机电公司实习。在三个月的实习期间，我们4名实习生的作息时间与那家机电公司的员工一样，按三班倒（每天24小时分成早中晚三班，每班8小时，轮换上班的工作制度）进行作息。在实习期间，尽管我被安排在那家机电公司的技术部实习，但我还是适应不了三班倒的作息制度，这种不适应既有生理上的也有心理上的，尤其是我无法忍受没有固定周末休息的企业作息制度。尽管我在实习期间有着明显的不适应，但我还是坚持保质保量完成了毕业实习。我们毕业那年，大学生就业已经不再是以往的统一分配工作，而是实行双向择业。为了帮助我们更好地就业，毕业实习返校不久，学校特别为毕业生举办了一场校园现场招聘会，其中，可供物理电子专业毕业生挑选的单位有二十多家工厂、公司等企业及近十家研发机构和二十多所学校，当然，这些企事业单位也在挑选我们。到底什么样的工作更适合我呢？或者说，我更适合做什么样的工作呢？我开始认真权衡起来。经反复比较，我发现自己其实更喜欢校园生活，更适应学校作息制度，更喜欢与学生打交道。于是，我选择去应聘D县（我家乡所在的县城）一所重点初中（我现在的学校）的物理教师。所幸的是，物理电子专业与物理学专业的很多核心课程是一样的，且当时学校招聘教师时没有硬性规定应聘毕业生必须是具有教师资格证的物理学师范毕业生，加之我自我介绍说我有一年半的家教兼职经历，以及我父亲也是一名物理教师后，该校便录用了我。

三、摸爬滚打，砥砺前行

教师是一种育人的职业，它对从教者的身心素质、品格素质、观念素质、知识素质及能力素质都有一定的要求[①]。仅从知识素质维度上讲，它要求从教者不仅应具备所执教学科的知识，而且还应具备一定的教育理论性知识、教育实践性知识和通识文化知识。显然，对一名从未接受系统师范教育的人来说，一下子入行教师职业，通常会比那些接受过系统师范教育的人遭遇更多的困难。要克服那些困难，往往需要经历更多挫折，接受更多挑战。

黄老师：刚入职的时候，尽管工作热情挺高，但工作上的自卑感仍旧时有产生，更为严重的是，因工作上的自卑感与压力感引发的焦虑感与紧张感也相当突出。记得入职的那一天，我遇到了学校同年度新引进的另外两名教师，通过简单的寒暄之后，我们三人一起做了简单的自由交流。在交流过程中，我不仅知道那两名教师都毕业于师范院校，在校

---

① 徐红. 专家型教师培养标准研究. 北京：中国社会科学出版社，2013：82.

期间均接受过系统的教育教学理论知识学习，以及教育教学实践技能的训练，毕业时均获得了中学教师资格证，同时，我还了解到他们与我一样也有过较长时间的家教经历。从那一刻起，我便有了工作上的自卑感，而在接下来的新教师讲课、评课中，由于他们俩的表现明显比我强一些，更加重了我的自卑感。说真心话，假如我不是从心底热爱教师这个职业，那个时候可能辞职了。怎样才能快速缩短与同行的差距呢？怎样才能做一名合格的教师呢？我向父亲倾诉了我的心思。获知我的心思后，父亲一边安慰我、鼓励我，一边向我传授他多年来的一些教学心得。此外，他还与我约定，每个周末抽出一天时间在一起切磋教学技能。当然，那时我与父亲所约定的切磋，其实是指父亲对我的教学技能进行指点与指导。在入职的前三年，我咬紧牙关，心里憋着一股狠劲，全身心投入到提高自身的教育教学能力之上。无论白天还是晚上，无论上班日还是休息日，除了认真谨慎地完成日常的教育教学任务外，我一边自学教育学、心理学及物理教学法等理论知识，一边寻求同事及父亲的指导。经过近三年的刻苦努力与奋起直追，我的教育教学水平不仅赶上了之前与我同时入职的两位老师，而且赢得了学校领导和其他教师的普遍肯定。

四、千锤百炼，优化技能

教师是一种育人的职业，具有很强的专业性，作为从教者的教师理应具备必要的教育教学专业技能。社会对学校教育输出的人才抱有与时俱进的期望与要求，因而，对学校教育的主体教师来说，理应具备与时俱进的教育教学专业技能。然而，一名教师要想具备这种与时俱进的教育教学专业技能，必须具有不断追求卓越的毅力与敢于克服困难的勇气，而要想有这样的毅力与勇气，就必须具有一种与之相应的动力，这种动力就源自对教育事业的热爱和发自内心对学生的喜爱。

黄老师：曾经不少人质疑过"一生备一堂课"这句话的虚实，其实，在我看来，这是一位教师应有的境界。教师的工作对象、工作环境、工作内容及工作条件每天都在发生变化，何况社会对教师的期望与工作要求也在发生变化，即使讲授同样的内容，教师所运用的教学方法与教学手段理应有别，"一生备一堂课"应该是任何一名有责任心的教师都应该追求并努力做到的事情。教学既是一门科学，又是一门艺术。无论从科学层面看，还是从艺术层面讲，教师对自身专业能力与水平的追求都应是无止境的。教师只有不断磨炼自己，才能保证自己的专业地位，否则，只能做一个滞后于时代的"教书匠"。不过，并不是每位教师都有这种境界。我起初就没有。后来在教学过程中，一次偶然的精心备课后，突然看到学生因某种求知欲得到极大满足而自然流露出兴奋表情时，我才顿生"一生备一堂课"的教学境界。一旦教师某一节课讲得好，学生就会以一种仰慕的眼神看着教师，并积极主动地与教师互动。当然，在我看来，一位教师要想真正做到"一生备一堂课"，必须挚爱学生，视学生为自己的孩子。否则，难以有高度的责任感与事业心，根本不可能做到"一生备一堂课"。教师用一辈子追求一节完美的课，这可能是一个永远达不到却又应该永远追求的目标。

五、科研助力，争创一流

教师的工作环境相对封闭，工作内容相对稳定，随着时间的消逝，教师的工作激情可能逐渐消退并产生职业倦怠感，从而导致教师专业发展水平长期处于一个相对停滞的高原期。从广大教师发展的现实看，不少教师正是由于职业倦怠感的产生而使其在工作中不思进取、得过且过，工作责任感和事业心日益消失甚至消失殆尽。当然，也有不少教师一直都在千方百计抵御或克服自身的职业倦怠感，其中，部分教师通过积极开展科学研究的方式有效化解了自身的职业倦怠感，从而成功走出了专业发展的高原期。事实上，黄老师也是通过积极从事科学研究的方式，克服了其自身的职业倦怠感，并超越了其专业发展的高原期。

黄老师：当我的课堂越来越受到学生的欢迎，教学成绩越来越得到领导和同行的认可后，我的工作信心更强了，随之便有了更高的目标。然而，并非工作信心越强、工作努力越多，工作能力就会越高。记得十多年前（2005 年前后），我突然发现，自己的教学能力与水平发展到某一阶段以后，想要再往上提升一下十分困难，甚至感觉有时候自己付出了成倍的努力，却并未换来丝毫的进步。那个时候，我心里既烦闷又纠结。烦闷的是，尽管我在教学的每个环节上都付出了比以往更多的时间与精力，但感觉除了能够维持学生考试成绩上的高分数外，并未有其他令人满意的地方。尤其是，看到学生疲于学习的样子，我非常痛心，大有欲挽救学生于水火而又自知无能为力之感；纠结的是，我一直在努力寻求解放学生的途径与方式，并为之付出了不少时间与精力，但仍然无法帮助学生冲出学习的牢笼，为此，我是不是应该放弃解放学生的念想？是不是应该维持现状？是不是我不可能解放学生？是不是我解放学生的途径或方式不妥？是不是我还不具备解放学生的能力？……庆幸的是，我在函授学习阶段听取了一位教授的建议，即尝试将教学过程中遭遇的每一个问题当成一个课题进行研究。在那位教授的精心指导下，我成功地破解了一个又一个教学问题，解开了一个又一个教学心结。通过教学研究，起初的诸多烦恼没有了，纠结也没有了。通过教学研究，我不仅重新找回了工作上的自信，而且重新获得了工作上的动力；通过教学研究，我感觉自己的教学能力明显得到了提升，自己的职业理想也日益远大起来；通过教学研究，我发现我也有了自己的教育信条——只要你视教育为事业，你就能拯救教育，只要你视学生为亲人，你就能解放学生。

第五节　化学专家型教师的成长个案

　　研究对象：刘老师，男，1967 年出生，中学高级教师；1990 年本科毕业于某省属高校化学专业，毕业后一直在 E 县某高中任教化学。刘老师所任教班级的化学期末考试平均成绩连续 3 年位居全县同年级前三名。曾参加 E 县教学比武并取得化学组一等奖第一名。现为该县优秀教师、化学骨干教师。主持 E 县教育科学规划项目 1 项，参与省教育科学规划项目 1 项。

一、立志从教，报读师范

　　人是遗传和环境共同作用后的产物，其中，遗传是人的发展的基础与条件，"环境是人的发展的现实根基与资源"①。可见，人的生活环境和人的成长与发展息息相关。实践表明，人的生活环境对人的志向形成有着定向作用。所谓志向，是指"关于将来要做什么事，要做什么样的人的意愿和决心"②。换言之，个人的生活环境对其未来想要做什么事或做什么样的人具有重要影响。刘老师之所以立志从事教师职业，与其生活环境密切相关。教师是一类专门性的职业，具有很强的专业性，并非谁都能够为之，更非谁都能够胜任之。从理论上讲，为师者必先接受系统的师范教育，否则，即使通过某种途径当上了教师，也难以胜任相应的工作职责。一个明智者，往往会先接受系统的师范教育，直到习得相应的教育教学理论知识与实践技能后再入职。刘老师正是这样一位明智者，为了积累未来教书育人的资本，他高中毕业之后，便毅然选择报读师范院校。

---

① 王道俊，郭文安. 教育学. 北京：人民教育出版社，2009：37.
② 中国社会科学院语言研究所词典编辑室. 现代汉语词典（第 7 版）. 北京：商务印书馆，2016：1677.

刘老师：我出生在一个农村家庭，兄弟姊妹七人，我是家里的老大。在我小的时候，农村已经实行了家庭联产承包责任制——包产到户，父母每次外出做农活时，便吩咐我在家照看弟弟妹妹。那个时候的我，缺乏照看弟弟妹妹的经验，不知道如何让他们开心，更不知道如何让他们充实，照看他们的形式便是模拟课堂游戏，在游戏中我扮演小老师，他们扮演小学生。或许是这类游戏做得多了的原因，我从小就有了当教师的情结，继而就有了立志从教的理想。不过，现在回想起来，我发现当初促使我填报高校志愿时义无反顾地报读师范院校的主要原因除此之外，还有令我终生难忘的三年黑色高中生活。之所以说三年高中生活是黑色的，主要是因为高中三年是人生求学过程中最难熬的三年。在那三年里，我们几乎没有周末和寒暑假，陪伴我们的除了老师和同学外，就是一道又一道的练习题、一套又一套的复习题、一张又一张的考试卷。那时的我们，感觉整天暗无天日，心中除了分数以外，其他无暇顾及。家长和我们谈话的日常主题是考试、老师和我们谈话的日常主题是题目、同学之间谈话的日常主题不是考试便是题目。家长盼得急、老师教得苦、学生学得累，是高中三年真实的写照。那时的我，每每看到或想到家长脸上那焦急的表情、老师脸上那苦涩的表情及同学脸上那疲乏的表情，便有一种"拯救高中"的冲动——拯救高中家长、拯救高中教师、拯救高中学生。那时的我，想法很天真，幼稚地以为自己当上高中教师后就有办法改变那种高中生活。为此，当高考分数公开并显示我的考分能够继续上大学之后，我便毫不犹豫地选择了一所高等师范院校，我的化学成绩一直很好，加上自己对化学的确有兴趣，因而我便报读了化学专业。

二、铸造师魂，修炼师功

教师是专门育人的职业，是以灵魂去感化灵魂的职业。对一名从事教师职业的工作者来说，在其正式成为一名教师之前，必先铸造好自己应有的师魂，修炼好自己应备的师功，否则将误人子弟。所谓师魂，即教师的灵魂，是指教师对学生的爱，以及建立在这种爱之上的人格与师德；所谓师功，即教师的功夫，亦即教师的本领或能力，是指教师顺利完成教书育人活动所必须具备的一系列相关能力。刘老师不仅深切意识到教师为人师表的重要价值，而且深刻认识到教师提升教书育人能力的关键作用。为此，在大学接受师范教育的过程中，刘老师不仅十分注重师魂的铸造，而且相当重视师功的修炼。

　　刘老师：教师是育人的职业，谈到育人，我认为首先应该是育好学生的"德"。这是因为，一个无德有才的人必然不会是个善人，一个有德无才的人必然不会是个恶人，尽管两者都不如有德有才的人那样受世人欢迎，但两者相比，世人更宁愿接纳有德之人，可见，德比才更重要。我所说的德，即学校教育中通常所指称的品德，包括政治品质、思想品质、道德品质及心理健康品质。从教师应有的职责看，教师应该做学生的楷模，在学生面前应保持必要的师表形象。一个真正挚爱学生，将学生视为自己亲人的教师，理当尽可能塑造自身健全的人格与良好的德行，唯有如此，才能以自身的人格魅力与师表形象感染学生。难以想象，一名人格扭曲、德行败坏的教师能够培育出人格健全、德行高尚的学生。为此，在师范院校学习阶段及入职之后，我一直十分注重塑造自己的人格和德行，生怕因自身人格和德行问题而给学生树立一个坏榜样。当然，作为一名教师，除了对学生进行德育外，对学生进行智育也是不可或缺的。为了能够胜任智育工作，我苦练内功。在大学学习期间，我不仅认真学习自己目前所任教的化学学科知识与技能，而且认真学习"三笔一画"及普通话和课堂教学技能、课堂调控技能等教学技能。当然，学海无涯，入职之后，我仍然没有放弃自身内功的修炼。比如，教学反思、教学研讨、教学观摩、在职培训等，都是我修炼内功的渠道。

三、初入职场，磨砺成长

教师教育是一个职前培养、入职教育及职后培训一体化的过程，入职前的师范教育虽然能够给予教师丰富的理论知识与初步的实践体验，但是，教师大部分的教育教学能力却是在职后形成的，这些教育教学能力是教师教学专长的重要组成部分。一名教师要想成长为一名专家型教师，必须获得一定的教学专长，而教师要想获得一定的教学专长，必须具有丰富的教学工作经验。"尽管并不是所有有经验的教师都能获得教学专长，但是，不经过大量的课堂教学实践就成为专家型教师几乎是不可能的。"[①]为此，对一名专家型教师来说，要想通过提升自身专业能力不断提升自身的教学专长并使之达到一定的水平，必须在入职之后继续学习、继续体悟。尤其是对初入职场的教师来说，尽管自己可能在入职之前的毕业实习阶段有过学校生活经历，但由于入职后的角色与自己毕业实习期间的角色存在着诸多差异，在入职初期必然会有很多不适应。角色的变化引发职责的变化，初入职场的教师往往感到责任很大，同时压力也很大，因此必须促使自己的专业能力快速提升，以便能够胜任相应的角色责任，继而缓解乃至消解相应的角色压力。初入职场的刘教师正是不断磨炼自己而促进自身专业成长的典范。

> 刘老师：我大学毕业后便被分配到现在的高中任教化学。入职之前，我以为当一名教师应该不难，因为我认为自己在师范院校学习期间不仅掌握了足够多的化学理论知识、化学实验知识和化学实验操作技能，而且掌握了一定的普通教育学知识、普通心理学知识、化学教学法知识与教学技能，尤其是，自己在毕业实习期间还积累了较多化学教学实践知识与技能。入职之后我才发现，原来自己与一个门外汉的差别并不大。备课时，我不知道怎样处理教材，不知重点难点如何确定，总是依赖教学参考书，根本不懂怎样才能做好"三备"（备教材、备学生、备教法）；上课时，我不知道怎样将教学内容以学生易于理解和接受的方式传递给

---

① 皮连生. 学与教的心理学. 上海：华中师范大学出版社，2003：18.

学生，总是照本宣科，根本不懂如何启发和如何诱导学生思考问题并参与课堂互动，课上"一言堂、满堂灌"是我课堂的真实写照。入职后的第一年，我对自己的课堂一点都不满意。在我的课堂上，大多数学生要么昏昏欲睡、要么我行我素，能够静下心来听我讲课的学生寥寥无几。那时，我真的很沮丧，看到这种局面时想哭的感觉都有。也就在那时，我才真正体会到当一名教师不容易，当一名受学生喜爱的好教师更不容易。怎么办呢？总不能放弃教师岗位而另谋职业吧？毕竟自己当初想当教师的意愿那么强烈，而且身边不少人也认为自己的性格适合当教师。那么，究竟怎样改变自己当不好教师的局面呢？通过再次阅读有关教学教法的书籍，以及请教资历较深的教师之后，我逐渐认识到，学生理解知识的方式与教师理解知识的方式是不同的。对教师来说，应该立足学生理解知识的方式开展教学，否则学生上课时就会一头雾水，难以听懂教师讲课的内容。于是，我开始听取一些有经验的老教师的建议，不仅在备课时尽力做到以学生的思维习惯与思维模式设计教学内容与教学过程，而且在课堂教学过程中尽力创设问题情境与设置悬念，并引导学生思考问题与解决问题，尽力做到将课堂的主角位置还给学生。当然，要做好这些不是一件容易的事情，很多时候我心里有余而力不足。多亏那时有许多老教师安慰我、帮助我，才使我能够有信心、有决心在教学上进行不断探索，否则，我很可能丧失前进的动力、斗志，甚至很可能找不到前进的方向。记得那时经验很丰富的王老师对我说："小刘老师，你的工作热情很高，悟性也不错，只是还缺些火候。我相信只要你不断积累教学经验，不断反思自己教学中的优势与劣势，不久之后，你一定会是一个了不起的老师。"王老师的话，极大地鼓舞了我，鞭策了我，促使我静下心来审视自身的教学表现，认真总结教学工作中的成败与得失。功夫不负有心人，经过近五年的摸爬滚打，我终于有了轻松驾驭课堂的能力。这一点，从学生在课堂上的欣喜表情与活跃表现便能得到验证。

四、突破瓶颈，超越自我

新手型教师和专家型教师在专业素质上存在着诸多明显的差异。对新手型教师来说，要想逐步修炼成为专家型教师并非易事，他不仅要在知识层面进行更多的积累、能力层面进行更多的提升、观念层面进行更多的更新，而且还要在人格与师德方面进行更多的锤炼。当然，并非每一位新手型教师都能最终发展成为专家型教师，只有那些醉心教育、勇于探索、追求卓越的教师才能突破专业成长过程中的瓶颈，从而不断超越自我，最终成长为一名专家型教师。本着对教育事业的热爱、对教师职业的忠诚、对教育家的崇拜、对专家型教师的向往，刘老师克服了专业成长过程中的一次又一次瓶颈，不断追求卓越，终于修成了正果。

刘老师：现在回想起来，我感觉自己参加工作的前五年进步很明显，在那五年里，我学会了如何备课、说课、听课、评课，尤其是，我学会了不少课堂调控技巧，但接下来的几年里，或许是我对自己提出的要求更高了，或许是追求的教学境界更高了的原因，总感觉进步不明显。入职十多年后，我开始不满足于片面追求课堂师生互动的氛围及提高学生每次的考试成绩，而开始思考到底怎样才能激发学生主动学习的意识，到底怎样才能提高学生的学习效率，到底怎样才能培养学生的学习能力，到底怎样才能引导学生自觉关注日常生活中的化学现象与化学问题，到底怎样才能提高学生运用化学知识解决相应问题的能力。在思考这些问题的同时，我预设了多种可能有效的教学模式，并在教学过程中逐一进行尝试。遗憾的是，尽管我自认为自己为了破解这些问题费尽了心思、绞尽了脑汁，但收效甚微。说实话，我当时因为感觉自己在教学上付出了许多心血却远远没有获得预期的回报，因而心理上产生了压力感、焦虑感和倦怠感。怎么办呢？这种情况下，我求教于我上大学时任教我们化学教学法的张老师。在张老师的建议与帮助下，我将上述每一个问题当成一个小型的研究课题，并逐一展开较为系统的反思性行动研究。几年研究做下来后，我不仅在解决这些问题方面有了自己独特的思路与办法，而且还学会了如何运用行动研究的方法开展教学研究，更为重要的是，我找回了不断超越自己的信心。

五、永葆初心，继续攀登

专家型教师是教师专业发展的最高阶段，这是一个永无止境的最高阶段，即专家型教师不是教师专业发展的终极阶段，专业水平达至专家水平的专家型教师在专业方面仍然有着无限的提升空间。尤其是，随着教育的国际化、信息化，只有那些与时俱进的专家型教师，才能真正被称为专家型教师。刘老师就是这样一位与时俱进的专家型教师。20多年来，尽管刘老师在教学上取得了一项又一项的骄人成绩，但他从未满足过。今天的刘老师依然抱着一颗热爱教育、挚爱学生的心坚守在教学改革的阵地上，为探索高效教学模式而继续坚毅前行。

刘老师：教师工作的对象主要是学生、工作的领域是教育，作为教师，通常都会喜爱学生、热爱教育事业，否则很难在教师这个岗位上长时间工作下去。不过，话说回来，从喜爱学生和热爱教育事业的情感程度这个角度看，大多数教师在入职之初都会相当喜爱学生、相当热爱教育事业，但随着入职年限的增加，许多教师喜爱学生和热爱教育事业的感情程度会逐渐变淡。这或许是一种职业倦怠吧！究其原因，着实很多。从喜爱学生方面看，比如，有教师认为自己对学生的诸多付出没有得到学生家长的理解与回报，有教师认为学生越来越不好管，有教师认为学生越来越不听话，有教师认为学生越来越不懂事，有教师认为师生关系或家师关系（家长和老师之间的关系）越来越不好相处等。从喜爱教育事业方面看，有教师认为自己努力工作没有换来同等价值的回报，有教师认为工作负荷越来越大，有教师认为当教师的心理风险太大，有教师认为越来越跟不上教育改革的步伐等。我姑且对此种种看法不加评论，当然，我也无能力合理评论这些，因为其中蕴含的深层原因我从未思考过，也不敢或不想妄加猜测。但是，我想说明的是，据我自己的理解，一个真正甘于奉献教育事业、乐于坚守教师职业的教师，入职之初时心中那份喜爱学生和热爱教育事业的感情程度不应该是随着入职年限的增加而逐渐变淡，相反应该是日益变浓，至少我自己感觉是这样的。在此，我想补充说明的一点是，作为一名有责任感的教师，无论在工作过程中经历了怎样的逆境、怎样的责难、怎样的失败、怎样的痛苦、怎样的不公平、怎样的不公正，都不应该减淡入职之初时心中那份喜爱学生和热爱教育事业的感情，否则将枉为人师。今天，科学技术的发展速度很快，互联网对教师的挑战很大，教师不仅备课时不再仅囿于或依靠教材和教参之类的书籍，而且上课时也不再仅囿于或依靠"粉笔+黑板"的传统教学手段，教师不仅仅要学会运用互联网学习及查阅相关资料，而且还要学会运用互联网进行教学。只有不断学习、不断向前，才能跟上时代的节奏，才能当好一个名副其实的教师。

第四章　专家型教师的成长规律

前已述及，探索教师成长规律，其实就是明晰教师在各个专业发展阶段所表现出来的相应特征、影响教师专业发展的相关因素，以及促进教师专业发展的基本途径。为此，本章将在审视第三章所述几位专家型教师成长个案的基础上，借助思辨分析与专家征询的结果，探讨专家型教师成长的阶段特征，剖析影响专家型教师成长的主要因素，阐述专家型教师成长的基本途径。

第一节　专家型教师成长的阶段特征

教师的专业成长是一个长期的、动态的发展过程，它贯穿于教师的整个职业生涯之中。审视各学科专家型教师的成长个案不难发现，尽管不同的专家型教师有着不同的专业发展经历，但从总体上看，他们的专业成长过程都可以分成职前准备期、入职适应期、职业发展期及职业超越期四个成长阶段。尤其是，尽管他们在上述四个成长阶段各自有着不同的具体表现，却在此四个成长阶段体现出了一些共同的本质特征。本书将专家型教师在不同成长阶段所体现出来的一些共同的本质特征称为专家型教师成长的阶段特征。下文将分阶段逐一阐述这些共同特征。

一、职前准备期的特征

从实践逻辑讲，一名从业者在实际从事某一职业之前，往往都会从心理、知识及能力等方面为之后能够胜任相应的职业而做相关准备。这种准备经常被称为职前准备，相应地，为做这种准备而经历的整个时期，被称为职前准备期。虽然不同的专家型教师在从事教师职业之前的准备期所做的相应准备在具体内容与方式及手段上存在差异，但他们在职前准备过程中通常体现出如下共同特征。

（一）认同师范教育的特殊价值

师范教育是培养师资的专业教育。此处的师范教育专指教师入职之前在各级各类师范院校接受的教育，即职前培养。在师范教育阶段，各级各类师范院校都会为了师范生未来能够顺利开展教育教学活动而系统安排相应的理论课程与实践训练。显然，师范教育对促进提升个体教师专业水平来说具有举足轻重的作用。调研表明，对一名专家型教师来说，无论他是否"科班"出身，即无论他从事教师职业前是否在各级各类师范院校系统接受过正规的师范教育，他都会十分肯定师范教育对教师专业发展的重要性。在他看来，师范教育能够有效促进个体具备有关教师职业所必备的素质，师范教育能够有效促进教师的专业发展。

> 李老师：我认为师范教育对一个想要当老师的人来说太重要了。比如，我现在能够随手写出一笔好字，顺手画得一幅简笔画，还得归功于昔日在中师所学。在那个时候，学校除了为我们开设一些学科理论课程外，还专门为我们开设一些诸如"三笔一画"的教师职业技能型课程。通过这些技能型课程的学习，我们不仅培养了自觉的书法修炼习惯，而且习得了一定的书法技巧，并具有了一定的书法功底。当然，师范教育的重要性远不如此，它对人的影响是深远的，甚至是潜移默化的。比如，在接受师范教育期间，通过学科教学法（我学的是语文教学法）这门课

程的学习，我不仅学会了如何上课，而且还学会了如何才能上一堂好课，更重要的是，我还深谙教师人格魅力对提高课堂教学成效的重要意义，所有这些所获，使我终身受益。

杨老师：尽管我当初因为家境贫寒而在填报高考志愿时选择报读不用缴纳学费反而能够获得一定生活补贴的师范院校，但我至今都没有后悔过。这是因为，师范教育改变了我对教师职业的诸多不良看法，我逐渐懂得了教师职业的意义。如果我不接受师范教育，我对教师职业可能就缺乏今日的认识。

龚老师：我高中毕业时根本没有想过将来从事何种职业，那时的我完全是在长辈的建议下选择报读师范院校的。不过，经过四年的学习，我慢慢喜欢上了教师职业。我认为，正是师范教育让我产生了当教师的念头并逐步坚定了当教师的决心。

黄老师：在我的一生中，我存有不少遗憾，但最主要的遗憾是当初没有听取父亲的建议而错失了系统接受师范教育的机会。为什么这样说呢？由于当初没有经历师范教育学习与训练，使我在入职（进入教师职业）之前及入职之后不得不花太多的时间与精力恶补那些作为一名教师本该在师范教育阶段就能习得的相关理论知识与实践技能。如果我不是因为需要恶补这些知识与技能，我将会有更多的时间与精力研究我的教学，我应该会比今天发展得更好一些。

刘老师：师范教育的经历让我懂得了什么是"师魂"，什么是"师功"；让我懂得了作为一名教师的初心，让我懂得了一名教师应该有所为而有所不为、有所求而有所不求。

专家：国内外无数实践表明，教师入职之前接受系统的师范教育是具有重要价值的。其主要原因在于，一方面，师范教育能够帮助未来从事教师职业的师范生系统地习得教育教学理论知识并形成教育教学实践能力；另一方面，师范教育能够帮助未来从事教师职业的师范生获得新的教育教学理念并造就与教师职业匹配的人格品质。

（二）认同教师职业的社会地位

职业心理学的研究表明，个体只有从心底认同某种职业，才可能将这种职业当成自己的志业，而后才可能为了这种职业的发展而克服相应的困难，最后才可能在这种职业上取得应有的成就。教师对其职业的认同，是教师通过与环境互动来建构的关于个体和职业的当前意义的结果，是个体对教师职业的心理认可[①]。不言而喻，认同教师职业的社会地位既是从教者安心从事教师职业的前提，又是从教者在教师职业岗位上取得成就的基础。调研表明，专家型教师往往比较看重教师职业的社会地位。

> 李老师：说实话，有一件事直到今天我都无法理解。每个人都希望自己遇到好老师，每位父母都希望自己的孩子接受好老师的教育，但同时，为什么大多数人不愿意当教师？为什么大多数父母也不愿意自己的孩子将来当教师？不少人认为，其原因主要是教师职业的社会地位过低。在我看来，教师职业的社会地位本不低。比如，从经济收入看，教师的收入通常不低于当地人均收入水平；从社会声誉看，人们总体上仍旧尊重教师职业，对教师的社会价值仍旧普遍肯定。当然，若用世俗的眼光评价教师职业，那么，教师职业的社会地位就真的显得较低了，一是因为教师没有可观的收入，二是因为教师没有可畏的权势。我认为，教师应该有一种平常心态，千万不能世俗化。

> 杨老师：我当初是因为家里穷且受了父母的引导而报读了师范院校，那时打心底是不愿意毕业后当老师的。不过，通过三年的师范院校学习，我改变了起初不愿意当教师的想法，尤其是在毕业实习的那段日子里，我产生了当教师的强烈愿望。为此，毕业后我欣然到了现在的学校当一名数学教师。回想起31年来的教书生活，我感觉自己当初选择教师这一职业是正确的。尽管这个职业没有让我大富大贵，但它让我结识了众多学生，每每想到这些，我心里真的很开心，尤其是每当逢年过节收到诸

---

① 张宁俊,朱伏平,张斌. 高校教师职业认同与组织认同关系及影响因素研究. 教育发展研究,2013,(21):53-59.

多早已记不清姓名的学生发来的祝福信息时，我不禁会流下幸福的泪水……所以，我对教师这个职业是十分满意的，且认为社会对教师职业是很尊重的。

龚老师：干一行，就要爱一行。不爱自己的职业，怎么能安心工作呢？我大学的很多同学当时就是因为觉得教师职业的社会地位较低而不愿选择当教师，但我当初确实是心甘情愿选择当教师的。学生及其家长都很尊敬我，所以我从未觉得教师职业的社会地位低！不管别人怎么看，反正我认为自己的职业很高贵！

黄老师：我曾经也认为教师职业的社会地位不高，但10年前经历的一件事让我彻底改变了这一观念。记得那是10年前的一个星期天，我老家的一个爷爷生病了，我临时决定前去探望一下。由于没有预定火车票，加之当天赶去火车站的时间较晚，只勉强买到一张站票。本以为自己当天会一直站到老家所处的火车站，没想到刚上火车便有人坚持给我让座。当时火车上的人很多，我站在车厢的走廊上感到很拥挤，身体感觉也有点难受，突然我听到身后有人喊："黄老师！黄老师！"我当时以为不是喊我，声音听起来也不熟悉，因而并未理会。不料，那个人一边不停地喊"黄老师！黄老师！……"一边用手轻轻推动我的胳膊，并对我说："您不认识我了吧？我是您的学生呀！您还记得有一个叫汪峰的初中男生吗？""哦！你是？""哈哈！我就是汪峰，当初总坐在教室讲台边上的那个男生。""哦！我记起来了，不过，你不仅长相变化很大，而且声音变化也很大，变化得我简直认不出来了呢！……"我话还未说完，他便对我说："黄老师，您到我座位上去坐吧！"尽管我一再谢绝他的好意，但他一直坚持要为我让座，并说了许多让我十分感动的话。记得当时半节车厢的人都以羡慕的眼光看着我，我当时真的很享受，我的满足感、成就感、荣誉感一下子都全来了，顿时感觉做一名教师很自豪。

刘老师：当教师是我自始至终的职业选择，从报读师范院校的那一刻起，我就做好了当一辈子教师的准备。关于教师职业的社会地位问题，不管别人怎么看，反正我个人认为只要是自己喜欢的职业，就是最好的职业。

专家：客观地说，不能盲目或武断地说当下教师的社会地位低。大样本的调查显示，整个社会还是比较尊重教师的，尤其是 2018 年 1 月 20 日《中共中央国务院关于全面深化新时代教师队伍建设改革的意见》①出台之后，全社会对教师的社会价值有了全新的认识，教师的社会地位有了进一步提高。

（三）关注教师职业必备的知识

个体在社会生活中无论从事何种职业角色，都需要具有一定的知识基础②。教师不仅是知识分子，而且是社会中传承与传播知识的专业人士，理当具备相应的知识。"事实上，每一位执行某项社会角色的个体，都被他的社会圈子认为具有或者他自信具有正常的角色执行所必不可少的知识。"③由此可见，作为一名教师，无论是出于主观意愿还是客观需要，都必须掌握一定领域、一定程度的专门知识。从职业的专业化角度看，"构成专业的首要标准是需要一套完善的专门知识体系作为专业人员从业的依据"④。那些立志从教的专家型教师在入职之前通常就较注重为其未来顺利从事教师职业活动在知识层面做相应的准备。

李老师：我在当年读中师时，就在为现在从事的语文教学工作做知识上的准备了。那个时候，我总在思考一个问题，中师期间需要学好哪些知识才能胜任初中或小学阶段的语文教学工作呢？为了能够胜任语文教学工作，我那个时候在学习上还算认真，不仅中师期间的各门课程知识掌握得较牢固，而且我会抽时间借阅初中或小学语文课本，希望尽量熟悉所任教科目的课本。

① 中共中央国务院. 中共中央国务院关于全面深化新时代教师队伍建设的意见. 2018. http://www.gov.cn/zhengce/2018-01/31/content_5262659.htm. [2018-06-15]
② 徐红. 专家型教师培养标准研究. 北京：中国社会科学出版社，2013：119.
③ 〔波兰〕弗洛里安·兹纳涅茨基. 知识人的社会角色. 郏斌祥译，南京：译林出版社，2000：17.
④ 刘捷. 建构与整合：论教师专业化的知识基础. 课程·教材·教法，2003，（4）：60-64.

杨老师：在读师范院校的时候，我不仅产生了想当教师的想法，而且因为实习期间的所见所感还产生了想当一名好教师的想法。有了当教师尤其是当好教师的想法后，我在知识学习上变得更自觉了。怎样才能当一名好教师呢？那时的我，首先想到的是要学好相关知识。为此，在读师范院校的时候，我不仅认真学习数学专业的课程知识，而且还认真学习教育类的课程知识，尤其是数学教学法之类的课程知识。

龚老师：由于担心师范院校毕业后不能胜任英语教学工作，在四年的师范学习期间，我除了努力学好英语类知识外，还努力学习教育学、心理学及英语教学法等教育类课程的理论知识。此外，在毕业实习期间，我时常询问实习学校的指导教师关于当好英语教师必须掌握哪些知识之类的问题。

黄老师：说实话，我当教师之前总担心自己因某些知识不足而无法胜任教师职业。我那时总在想，别人读了几年师范，学习了不少教育教学类的课程，并且凭借到学校去毕业实习的机会了解了许多有关中学物理教学的知识，像我这样一个"非科班"出身的非师范生当中学物理教师行吗？在那个时候，我一想起这些就会产生"打退堂鼓"（不当教师）的想法。幸运的是，我那时战胜了自己的自卑与懦弱。为了能够胜任物理教师这一岗位，我正式入职之前恶补了大量的教育学类课程，主要有普通教育学、普通心理学、教育心理学、物理教学法等课程。

刘老师：从小到大，我一直认为，教师是有学问（知识）的人，要想成为一名教师，就必须学会很多知识。正是因为有了这种想法，所以在整个师范学习期间，我都很爱学习。在那个时候，同学们一般不会主动上晚自习，我却是一个另类。每当晚上不用上课或者没有集体类活动时，我都会主动跑到图书馆上晚自习，生怕自己的知识不够而当不好教师。

专家：作为一名教师，首先就应该想到自己是一个知识的传承者与传播者，在学生面前理应尽力扮演好一个知识权威的形象。尽管教师不一定要在各个知识领域或某一知识领域的每一方面都应该或都必须先于学生，但至少在自己所任教学科的知识方面要尽量先于学生，否则，不仅自己很难紧跟学科前沿，而且很难让学生对自己心服口服。为此，一位从教者在当教师之前，往往会自觉地为未来当好教师做知识上的必要准备。

（四）关注教师职业必备的能力

能力是顺利完成某种活动的必备条件，要想顺利完成某种活动，就必须具有与某种活动相应的能力。教师职业是从事教书育人活动的专门性职业，对从事教师职业的人来说，要想胜任教书育人这种专门性的职业活动，理当具备与之相应的能力。对专家型教师来说，尽管他们入职之前还不知道胜任教师职业活动到底必须具备哪些能力，但他们都会基于自己的理解而尽力为正式入职教师岗位做相关能力的准备。

李老师：我儿时就有当教师的梦想，之后又是自己主动报读的师范院校，因而，在念师范的那三年里，我一直在为当教师做多种准备。其中，训练"三笔一画"、学习如何管理班级，以及如何备课、上课、评课等活动花费了我大量的时间。我至今还记得，当时为了像一名正式老师一样上好课，我不仅尽可能找机会邀请我的老师和同学观看我上课，并请他们针对我上课的情况提出建议或意见，而且还经常主动联系实习学校的老师并自告奋勇地请求他安排给我几节课试讲与演练。我之所以那样做，主要是不想因为那些基本能力缺乏而影响了入职之后正常的教学工作。

杨老师：从我决定大学毕业后当一名数学教师的那一刻起，我便一直用心地琢磨一个问题——一名数学教师起码需要具备哪些能力呢？为此，我一边自我琢磨与探索，一边咨询老师和同学。当然，知道了那些能力是什么之后，我便尽力进行了大量针对性训练。

龚老师：想当教师，就应事先掌握一些当教师应该具有的能力，不然，怎么能当好教师呢？正因如此，在读师范的期间，我比较用心地为当教师做了相应的能力准备。比如，通过在黑板上练习写字以掌握书写粉笔字的技能，通过练习普通话的发音和教师口语的表达方式以掌握教师必备的语言，通过揣摩及模仿老师与学生交流的方式以掌握师生沟通的技能，通过观察老师上课时的各种表情与行为以掌握上课的技能等。

黄老师：我不是师范毕业的大学生，没有接受系统的师范训练，因而当初应聘教师时心里根本没有底气，所幸的是，当时应聘的人数极少，我才得以勉强通过应聘。尽管我当时通过了应聘，但我知道我在教学能力方面还是比较缺乏的，因而应聘成功之后，我立马趁入职之前的一段时间专门向我当教师的父亲学习了一些当教师必备的相应能力。那段时间向父亲学习如何上课、如何调控课堂、如何书写粉笔字等的相关情景，我这辈子肯定是忘不了的。

刘老师：为了能够胜任教师职业，在大学学习期间，我不仅注重修炼诸如"三笔一画"及教师口语表达等基本技能，而且更注重修炼备课、上课、观课、评课等教学技能，以之不断提升自己的教学能力。此外，在正式上岗之前，我们几个新进教师一起接受了学校集中组织的岗前培训。在岗前培训过程中，我更是注重通过教学观摩、教学研讨、教学反思等形式提高自己的教学能力。我当初这样做，主要是担心因教学能力不够而被学校领导和其他教师及学生瞧不起。

专家：教师是一种专门性的职业，从事教师职业的人必然应该具备相应的能力。教师职业是一种良心职业，从事教师职业的人通常在正式入职之前会自觉在有关能力上做必要准备，否则，他就会因担心误人子弟而良心不安。在此意义上讲，一名教师在正式入职之前关注教师必备的能力其实是其应备的职业品质之一。

二、入职适应期的特征

适应即为了适合某种条件或需要而做出的有关反应。入职适应是指一名从业者在入职不久的一段时间内，为使自己能够生存于相应职业，而从心理与行为层面做出的有关反应。入职适应属于职业适应的范畴，是一个人从事某项工作时必须具备的生理、心理素质特征[①]，反映了从业者与某类角色之间在社会与经济活动中达成相互协调和有机统一的程度。入职适应是每一名从业者在入职不久的一段时间内都会经历的一个环节，从事教师职业的从业者（简称为从教者）也不例外。此处的入职适应期即指从教者为了求得职业生存而从心理与行为层面做出有关反应的时期，这段时期通常需要持续三年左右。与职前准备期一样，尽管不同的专家型教师有着不尽一致的入职适应期，但他们在此期间却表现出了一些共同的特征。

（一）勇于直面挑战

作为一名入职不久的新教师，他必须学会如何处理教材，学会如何了解学生和学校，学会如何创设一种学习氛围的策略与方法，学会如何因材施教，以及学会如何与同事、家长和学生进行平等友善的沟通与交流。事实上，作为一名入职不久的新教师，即使他是师范院校毕业的优秀毕业生，仍然难以在很短的时间内迅速具备以上所有能力。比如，他可能会不熟悉所任教学科的教材，不了解所任教学段的课程在整个学科体系中所起的作用，不了解所用教材的重点和难点，不了解自己面对的学生，不知道如何适应自己的学校文化与环境等。正因如此，他必须正视困难，面对诸多挑战。作为一名有志于成为专家型教师的新教师，面临此情此景，别无选择，只能勇敢面对。

> 李老师：我原以为自己正式上岗之前准备得较为充分，正式上岗后应该不会遇到太大问题，没想到是，真实的课堂变化莫测。刚入职那会

---

① 杨彦平. 社会适应心理学. 上海：上海社会科学院出版社，2010：13-14.

儿，无论备课还是上课，无论面对领导与同事还是学生与家长，自己感觉都不轻松，感觉时刻都要接受挑战似的。不过教师职业是我儿时起就梦想的职业，是我喜爱的职业，尽管当时遭遇了诸多挑战，但我都会坦然面对，并想方设法地逐一化解。

杨老师：初为人师，新鲜与挑战并存。记得入职的前两年，尽管我很用心地备课、上课，但学生似乎不太喜欢我的课堂，每次上课都有学生迟到、缺席，且每次课后的练习也有学生不上交或不按时上交。尤其是每次期末考试，我所任教班级学生的考试成绩平均分数总在全校甚至全县倒数之列。说实话，那时的我心里感觉很难受。为了提高自己的教学水平，我主动求教身边的同事，主动与学生沟通，从多方面找原因，从多方面找破解对策，以不断提高自己的业务能力。

龚老师：初上讲台时，我不仅感觉紧张，而且感觉有太多的困难需要克服。所幸的是，在"师傅"的激励与帮助下，我逐一克服了那些困难。

黄老师：由于我没有读过师范院校，入职后比同年入职但毕业于师范院校的同事遭受了更多挫折与磨难。面对着诸多的挫折与磨难，我无法回避，只能硬着头皮去承受。

刘老师：本以为自己在师范教育阶段掌握了较为足够的教育教学理论，并练就了较为扎实的教育教学能力，入职之后应该能够应付一般的教育教学活动。没有料到的是，入职后不久，我发现自己在很多方面与一个"门外汉"没有多大差别。怎么办呢？教师职业不仅是自己选择的，而且是自己喜欢的，决不能因为有困难就退缩吧！那时的我，一再告诫自己，决不能畏难退缩，一定要敢于正视眼前的困难，要将它们当成一种磨炼，并坚信总有一天，自己在教育教学上也能像那些优秀教师一样的。

专家：一般来说，有志于教师职业的教师，通常因为对教育教学活动持有较高的热情而能够尽力克服入职初期的一系列压力、困难与挫折。不少教师由于缺乏对教师职业的挚爱，在入职初期面临压力、困难和挫折时往往选择离开教师岗位。国内初入职的教师如此，国外初入职的教师亦是如此。比如，从美国教师岗位流失的教师大多是入职不久的教师①。爱的力量非常强大，爱能战胜一切。由衷热爱教育事业、由衷热爱教师职业的教师，因为能够将教师职业当成自己一生的志业，所以能够坦然面对入职初期乃至整个教师职业生涯中的一切磨难和挫折。

（二）善于虚心求教

教师是一门专门性和实践性都很强的职业，从事教师职业的人只有在教育教学实践中不断探索、不断感悟、不断积累，才能领悟教师职业的奥秘。显然，要想成为一名专家型教师，必须在真实的教育教学实践场域中摸爬滚打较长时间。不过，如果一名入职不久的新教师能够在有关教育教学问题上虚心求教同行，尤其是虚心求教一些资深老教师，那么他就会少走弯路，其专业成长速度无疑会明显加快。调研表明，专家型教师在其入职初期通常就是如此做的。

> 李老师：入职的前几年，我感觉教育教学中的好多问题都弄不清楚。比如，对有些知识点，我认为是教学难点，但学生很容易掌握；我认为不是教学难点，但学生又很难掌握。一旦遇到这类情况时，我除了自我反思外，还经常向那些教学经验丰富的同事求教。

> 杨老师：真实的课堂实践是鲜活的，用机械的理论来指导课堂实践是远远不够的。怎么办呢？每每遇到自己费解的问题，我都主动向数学组的教师们请教，其中一些资深教师和优秀老师经常是我请教的对象。

> 龚老师：入职初的前两年，我除了经常深入其他教师尤其是老年教师的课堂观摩学习外，还经常主动邀请他们去听我的课、评我的课。我感觉有时自己想不通或需要想很久才能想的问题，经一些教龄较长的老教师点拨后便一下子想明白了。现在回想起来，心里真的很感激昔日的那些老教师。

> 黄老师：作为一名非师范毕业的大学生，我入职前就做好了心理准

---

① 孟万金. 职业规划——自我实现的教育生涯. 上海：华东师范大学出版社，2004：23.

备，凡是工作上不懂的地方就主动求教。于是，到学校报到后，我便单独主动联系一些教龄较长的老教师，一边向他们表示自己想深入他们的课堂观摩，一边邀请他们抽空光临自己的课堂近距离指导。

刘老师：正式入职后，我感觉当老师好难。比如，怎样选择教学内容、怎样把握重点和难点、如何激发学生参与课堂互动、如何处理课堂偶发事件等，对于这些，我真的很难驾驭。于是，我开始求教一些有经验的老教师，一边虚心听从他们的建议，一边深入他们的课堂观摩学习。此外，每当遇到教研活动时，我除了主动提出自己遭遇的教学困惑外，我还会尽力争取机会让教研组的教师点评我的教案并指导我说课与上课。

专家：对一名有志于教育事业的教师来说，他通常希望自己在教书育人方面有杰出的表现，为此，他往往会不耻下问，虚心向专家和同行请教，以便自己的专业能力发展得更快，迅速实现专业成长。

（三）关注自我生存

只有先生存下来，才有发展的机会，如果连生存下来都不可能，还怎么谈发展？这一自然界的生存法则同样适合教师职业生涯。喜欢教师职业，并有意愿一生为之奉献的教师，其入职初期往往十分在乎专家、领导、同行及学生对自己教育教学工作情况的评价，生怕因为自己表现不好而被他人瞧不起甚至被领导疏离或被学校解聘。专家型教师就属于这类教师。

李老师：开始上岗后的三年左右时间里，我对自己的工作能力缺乏自信，那时我感觉压力特别大，整天除了担心学生不喜欢我的课堂外，还担心同行认为我的课上得不好，领导不肯定我的业务能力与业务潜力。

杨老师：用亦步亦趋这个词来形容我入职前两年的工作状况是合适的。那个时候，我既总担心因我的课上得不好而遭到鄙视，又担心与领导、同行和学生的关系处理不好而遭到冷落。

龚老师：入职初期，我最关心的事情就是我的工作是否能够得到他人的肯定，而我最高兴的事情自然就是我的工作得到了他人的肯定。比如，我时常课间问学生：你们喜欢我上课吗？你们喜欢我上课的原因是什么？我怎样做你会更喜欢我上课呢？再如，我常常很紧张地询问那些听过我上课的专家、领导和同行：请问我的课上得算不算乱呀？请您多多批评指教哦！总的来说，我那个时候之所以经常问这类问题，主要是担心自己因为教育教学能力不够而在教师职业生涯中走不远。

黄老师：我不是师范院校毕业的，当时要找心仪的教师岗位较难，因而我十分珍惜好不容易获得的教师岗位。当然，正因为珍惜好不容易获得的教师岗位，所以唯恐失去它。为此，入职之后的至少三年时间内，我在工作上谨小慎微，总担心哪里出会差错。于是，我经常询问我的学生是否愿意听我上课，我怎样上课他们会更满意等问题。说实话，我那个时候最怕两件事——第一件事是学生不喜欢我给他们上课，另一件事是所执教班级学生考试成绩平均分全年级排名靠后。

刘老师：入职之初，我最担心的问题之一是我的课堂不受学生欢迎。每当看到学生上课时昏昏欲睡的样子，或者学生对我上课缺乏敬畏感而表现出无所谓的神情与行为时，我真实的感受是紧张与自责大于淡定与生气。之所以会产生那种感受，其主要原因是担心自己干不好教师这一行。

专家：处于职业初期的教师，因为过于关注他自己的生存适应性，因而可能会把大量的时间花在如何与学生搞好关系上，生怕学生因为不喜欢他而不喜欢上他的课，从而危及自己的工作成就感，乃至危及自己的职业生涯。

（四）关注教学任务

有志于教育事业与教师职业的教师，他们在入职之初通常会注重教学目标是否合理，重视教学任务是否完成。专家型教师在其入职之初更是如此。

李老师：刚参加工作的时候，我觉得保质保量完成教学任务是十分重要的，为此，我在备课时通常会花很多时间很认真地研究教学目标、教学中的重点和难点。那个时候，我自评教学任务是否已经完成的指标是班上学生的考试成绩，也就是说，我将学生考试成绩平均分的高低与教学任务完成的好坏建立了对应关系。现在回想起来，觉得那时建立那样一种对应关系是不太合理的。

杨老师：我认为教师首先是教学工作者，成为一名合格教师的最基本前提是能够保质保量地完成教学任务。为此，自从入职以来，我都非常重视教学目标的设定，通过设定教学目标来指引自己的教学任务，一旦教学目标达成了，我认为我的教学任务也就完成了。值得指出的是，在进入教师岗位的前三年左右时间里，我一直以完成教学任务为己任，生怕自己因完不成教学任务而离一个合格老师的标准差距甚远。

龚老师：尽管我接受过比较系统的师范教育，且自认为在师范阶段学得还不错，但入职之初，我发现自己在工作上找不到明确的努力方向。那个时候，我只知道要完成教学任务。可是，什么是教学任务呢？教学任务由谁定呢？怎样才算完成了教学任务呢？这些问题，自入职前夕就已产生，直到之后的两年左右时间仍旧让我十分纠结。记得针对这些问题，我还多次请教过我的"师傅"和其他同事呢！

黄老师：有一件事我至今还弄不明白，刚开始工作的头几年，大约3~4年左右时间吧，我总担心自己没有完成教学任务，尤其是，当我所任教班级的学生考试成绩没有其他班级学生考试成绩好时，这种担心就更为突出。这种担心，不知是不是因我自己入职之前没有系统接受师范训练而产生的自卑情结所致，不知其他新入职的教师是否也有类似的担心。

刘老师：在师范教育阶段，我学习过一门教育学的课程。从那门课程的学习中，我形成了一个深刻的理念——作为一名教师，首先要学会上课，要想上好课，必先备好课，而要想备好课，必须事先科学、合理地为每一次课预设好教学任务。正因如此，我入职之初，通常会花较多时间为每一堂课设计教学任务，尽管不是每一堂的教学任务都设计得科学、合理。

专家：教学任务是否达成是评价一堂课好坏的一个基本指标，一般而言，它都会是教师比较关注的问题。不过，对于新入职的教师来说，由于教学内容、教学对象与教学条件等具有复杂性与多变性，教学任务便成为他们在教学过程中的一个重要抓手，离开了教学任务这个抓手，他们在教学工作中就会感觉很茫然。

三、职业发展期的特征

发展是一个不断向前、不断创新、不断完善的变化过程。从教师专业发展的视角看，教师的专业水平也是不断向前、不断创新、不断完善的变化过程，正是因为存在这样的变化过程，才使得教师具有新手型水平教师、熟手型水平教师与专家型水平教师之别。本书将从教者已经适应教师职业生活开始直到从教者的专业水平达至成熟为止这段时间（通常是入职后的3～15年）称为职业发展期。审视不同专家型教师的职业发展期，发现他们在此期间往往有如下表现。

（一）热衷教学比武

"比武"一词原指比赛武艺，现泛指比赛技艺，教学比武就是比赛教学技艺，亦称教学比赛。教学比武是教师展示自己教学水平的专门性比赛，每一位参赛教师都相当重视，因而每一位参赛教师在正式比武前都会对自己的"比武课"进行细心、耐心和精心的准备。显然，每一位参赛教师带来的"比武课"都是水平较高或很高的课，通过教学比武，不仅可以直接促进参赛教师提升自己的教学水平，而且参赛教师之间因可以相互观摩高质量的"比武课"而间接促进自身教学水平迅速而有效提升。教学比武对每位教师来说都是一个提升自己教学水平的极好机会。对那些有志于教育事业、将教师职业当成一种志趣的教师来说，尽管他们自己知道教学比武是一种挑战，但他们愿意通过这种挑战的方式迅速而有效地提升自己的教学水平。专家型教师就是这样一类热衷于教学比武，并历经不同层次、不同形式的教学比武而不断成长起来的教师。

李老师：我是一个比较要强的人，不管在什么地方都希望得到别人的肯定。在我看来，作为一名老师，要想在学校里迅速树立自己的形象，让别人觉得你是一个很有水平的老师，就必须证明你的教学水平很高。怎么证明自己的教学水平很高呢？有一个非常有效的途径，即在各级各类教学比武上获得优秀的成绩。为此，我尽可能争取参加各级各类教学比武的机会。

杨老师：对教师这个职业来说，除了备课、上课、批改作业和课外辅导外，还有一个重要的任务就是学校或教育局经常安排教师参加一些教学竞赛（教学比武）或观看一些教学竞赛。每堂教学竞赛的课都是经过精心准备的课，因而，无论是自己参加教学竞赛还是观摩教学竞赛，自己都能获得很多有益的体验与感受，感觉自己的教学水平在每一堂教学竞赛课后都有明显提高。正因如此，我当时很期待借教学竞赛来提高自己的教学水平。

龚老师：我是一个性格要强的人，凡事都想争个先进。为了能够从年龄相近的教师群体中快速脱颖而出，我不仅争取各种机会用心观摩由学校或教育局组织的讲课比赛或教学竞赛，而且充分争取机会参加这类讲课比赛或教学竞赛。我之所以这样做，一方面是因为我的"师傅"时常告诉我参加或观看这类讲课比赛或教学竞赛能迅速、有效提高教学水平，另一方面是因为我每次观摩这类讲课比赛或教学竞赛后感觉对自己的启发的确很大。

黄老师：我是一个非师范毕业的教师，总担心别人说我教学是外行，因而总想凭借获得各种层次的教学竞赛奖来证明自己的教学能力不比师范毕业的同龄教师差。

刘老师：当我有了几年（3~5年）教龄，感觉讲台基本站稳了后，就想寻找一个检验自己教学水平的平台。教学比武就是我认为最好的一个平台，因为每次教学比武都聚集了许多教学高手或教学明星，一般来说，如果能够在教学比武中获奖，就能说明自己的教学能力达到了较高水平，且获奖的等级越高，越能证明自己的教学能力强。

专家：教学比武为广大教师提供了一个很好的展示与交流各自教学经验的舞台。通过教学比武，教师之间既可以相互借鉴教学经验从而提高自身的教学水平，又可以有效促进积极反思自己的教学问题并积极开展教学改革与创新。

（二）勤于教学反思

对教师来说，反思就是"教师以自己的职业活动为思考对象，对自己在职业中所做出的行为以及由此所产生的结果进行审视和分析的过程"[①]。教学反思就是教师以自己的教学活动为对象，对其中遇到的一些教学问题进行审视和分析，并不断从中感悟经验、总结经验、积累经验的过程。"教师成长和发展的第一步，就在于教师自身的反思、教师自身对自身的评价和教师自身的自我改造"[②]。无数研究表明，反思在教师的成长中具有举足轻重的作用。比如，国外学者波斯纳（G. J. Posner）的研究指出，教师的成长离不开对已有经验进行反思，经验+反思=成长[③]；我国学者张立昌的研究表明，如果一个教师不对已有的经验进行反思，"即使有 20 年的教学经验，也许只是一年工作的 20 次重复；除非教师善于从经验反思中吸取教益，否则不可能有什么改进"[④]。调研表明，专家型教师通常具有教学反思的习惯，且正是因为有了这种习惯，其专业能力才得以迅速提高。

李老师：自从小学调到初中任教 6 年后，我就有了撰写教学反思的习惯，几乎每次上完课后我都会撰写教学反思，反思教学设计、反思教学环节、反思教学成效，并尝试找出针对性的解决办法。

---

① 叶澜，白益民，王木丹，等. 教师角色与教师发展新探. 北京：教育科学出版社，2001：90.
② 〔日〕上寺久雄. 教师的心灵与风貌. 赵一奇译. 北京：春秋出版社，1989：63.
③ 转引自皮连生. 学与教的心理学. 上海：华东师范大学出版社，2003：28.
④ 张立昌. 试论教师的反思及其策略. 教育研究，2002，（12）：17-21.

　　杨老师：可能是学生时代养成的一种喜欢反思自身学习行为的习惯驱使，当老师之后，我便习惯对自己的教学行为进行反思，尤其是入职几年之后我还养成了坚持撰写教学反思日志的习惯。

　　龚老师：我有一个反思的习惯，通过反思自己的教学，我逐渐积累了如何上好一节课的经验。

　　黄老师：俗话说，吃一堑、长一智。人是在不断经历挫折中成长起来的，如果一个人不认真反思挫折产生的原因及克服挫折的方法，而仅有克服挫折的意愿、勇气和信心，那么他是难以真正克服挫折的。我在教学过程中遭遇过诸多挫折，且因自己作为一名从未系统接受师范教育的教师，恐怕遭遇的挫折比同龄同辈教师遭遇的挫折要多不少，但凭借自己一次次理性的反思，我终于克服了一次又一次的挫折。

　　刘老师：入职不久的那几年，每次教研室活动时，教研组长都会让我们几个年轻教师汇报我们近期的教学概括与教学心得，反复强调教学反思的重要性并让我们养成撰写教学反思日志的习惯。教研组长说多了，我们也就记牢了。正因如此，直到现在为止，我还有撰写教学反思日志的习惯，只是现在撰写的教学反思日志不像当初那么正式。

　　专家：教学反思是教师专业成长的一条重要路径。通过教学反思，教师能够意识到自己教学中优点与不足，能够改善和丰富自身的教学实践性知识，从而迅速提高自己的教学水平。作为一名专家型教师，其突出的思维特点就是善于反思。

（三）主动探索教改

　　教学改革简称教改。教师在教育教学过程中，无疑会面临多种多样的教育教学问题，且由于教育教学对象的千差万别及教育教学环境的复杂多变，教师面临的任何一个教育教学问题均具有鲜明的复杂性与特殊性。如何破解这些类别各异、性质复杂的教育教学问题，不能总是依靠他人的帮助，必须依靠教师本人的力量。21 世纪以来，教师作为一名研究者的呼声已经深入人心，且已有不少教师已经开始尝试通过研究的方式解决自己教育教学过程中遭遇的多种问题。对教师来说，通过研究的方式解决教育教学问题的过程其实是一种探索教育教学改革的过程。专家型教师之所以能够配称专家型教师，正是因为其主动投身教育教学改革而积累了大量的实践性智慧，从而养成了超越一般教师的高效率的问题解决能力。

李老师：自从调到初中当语文教师后（之前已在小学任教 6 年语文），我经历的挑战和挫折更多了。从那时起，我便开始思考初中语文和小学语文在教学目标、教学内容和教学方法上的异同，初中生和小学生在语文方面的学习心态与情感及方法的异同。通过充分的思考后，我开始在教学形式和考试形式上尝试进行相应的改革，通过一段时间的摸爬滚打，我逐渐熟悉了初中生学习语文的一般特点，并形成了自己任教语文课的一套方法。

杨老师：通过几年的执教生活，我逐渐体会到，学生是课堂的主人，是教学过程中"学"的主体，如果教师在课堂上唱"独角戏"，那么学生就可能演变成为"观众"。教师应该把课堂还给学生，让学生成为课堂的主人，只有这样，学生的学习情绪才会高涨、兴趣才会浓郁，成效才能理想，这是我在多年的教学工作中探索出来的一条经验。

龚老师：我所在的学校领导十分重视教改工作，每次开会时总强调这项工作，因而我们学校的大部分教师都会或多或少地参与教改之中。我们学校致力于教改的教师很多，但其中以我的"师傅"最为典型。我的"师傅"喜欢搞校本研究，喜欢创新课堂教学形式，在我们学校是出了名的"教改先锋"。由于直接或间接地受到"师傅"影响，我也开始效仿"师傅"研究教改，而且现在已经将教改当成了自己教学工作中不可缺少的一部分了。

黄老师：一旦在教育教学过程中遭遇难题，我除了向有经验的老年教师请教外，我还倾向用研究的方式去探索问题背后的原因并努力找出解决相应难题的办法。有时一种尝试失败了，我还会继续尝试用其他的办法去解决难题。

刘老师：优秀教师的成长过程并非一帆风顺，也非一朝一夕。多次获得优秀教师称号的我，其实为了这个优秀教师的称号付出了很多。比如，无论是在常规的课堂教学上，还是在学校倡导的教育教学改革上，我都要树立表率，在新课改背景下我在课改方面投入的时间和精力更多。

专家：教育教学改革需要教师不断尝试失误、不断积累经验、不断推陈出新，需要教师投入相当多的时间和精力，在教育教学任务日益繁重的情况下，能够长期坚持教改的教师并不多。然而，恰恰就是这种坚持，才促使一名教师迅速成长为一名专家型教师。

（四）关注学校发展

学校是教师赖以生存的场所，教师的生存与发展同学校的生存与发展息息相关。如同没有教师的发展就没有学校的发展一样，没有学校的发展就没有教师的发展。关注学校发展的实况及愿景，及时调整自己的发展目标及努力方向，是教师的明智选择。调研表明，从教师群体中脱颖而出的专家型教师，正是时刻关注学校发展，并能根据学校发展对自己的专业发展进行自我调整的那些教师。

李老师：进入 21 世纪后，信息技术突飞猛进，网络技术逐渐引入教育领域。自此，人们接受知识的渠道变得多了起来，与之相应，学生接受学习的渠道也不再局限于自己所在的学校及自己的老师。他们不仅可以从其他媒体自主获得知识，而且可以从网络上学习其他教师的授课内容。可以说，从那时起学校教育便面临着挑战。我曾记得，当时学校为此事专门组织过研讨会，在会上，校长告知教师要有危机意识，并说虽然网络技术的出现不一定能摧垮学校教育，但是网络的出现必然会加剧学校之间的竞争，此外，号召大家视学校为一个大家庭，作为学校这个大家庭中的一员，每位教师都应有高度的责任感和主体意识，团结拼搏、勇于进取、积极创新，不断提高自己的业务能力，以提升学校的影响力和生命力为己任。说句实话，那时的我，真的将自己的命运与学校的命运联系在一起了。听了校长的发言后，我很担心网络技术给学校和教师带来的冲击，为此，那次会后，我这个"网络盲"也开始学习网络知识，一方面利用网络广泛涉猎知识以补充教学内容，另一方面利用网络技术改进自己的课堂教学。

杨老师：入职五六年后，因自己所任教的班级学生在全县期末数学统考中荣获全县年级排名第二的成绩，我的教学水平得到了学校领导的表扬与同事的肯定。不知何故，从那时起，我便陡然对自己学校产生了一份特别的感情，对学校的发展也开始关心起来。

龚老师：刚开始当教师的前几年，资历浅、职称低、压力大、收入少，对学校谈不上什么感情，在我的心中，学校只不过是我谋求一份工作、谋取一点生活费的一个地方而已。工作几年后，随着对学校环境及工作的适应，加之因业务能力不断提高而获得学校领导和其他教师及学生和家长的肯定，自己对学校也越来越产生了好感和归属感，并开始希望自己的学校变得越来越好。

黄老师：刚开始参加工作的头几年，无论是教学，还是管理班级，我都比较外行，可以说那时的我每天基本上将时间全花在如何备课、上课、辅导作业及管理班级上面了，其他的事情都来不及想。工作几年后，随着我对业务工作逐渐熟悉且业务能力逐渐提高后，我开始关心起自己所在学校的发展状况了，并且总希望我所在的学校发展得越来越好。因为从几年的工作经历中，我明显感觉到，若学校发展势头好，自己的发展前景也就跟着好。比如，拿招生来说，如果我们学校的升学率高了，就会有更多的学生愿意到我校读书或者有更多的家长愿意送孩子到我们学校读书，如此一来我校教师的身价也跟着提高了；反之，若学校的升学率偏低，就难以招收到足够多的学生，这样不仅会直接影响我们的收入（绩效奖励），而且连我们教师的身价也会跟着下降。

刘老师：几年工作下来，我已经将学校视为自己的家了，我以学校兴盛为荣，以学校衰败为耻。这是发自肺腑的话。

专家：一旦某位教师因其业务能力被一所学校所认可，他便会从心底接纳这所学校并对这所学校产生归属感，从而便会将自己的发展与学校的发展紧密联系起来，希望自己所在的学校能够越来越好。

（五）关注学生发展

学生是教师工作的伙伴，更是教师工作的对象，教师的工作成就集中体现在学生身上。学生发展得越好，教师的工作成就越大。为此，作为一名有志于献身教育事业的教师，在追求自己专业发展的过程中，必然也会同时关注学生的发展，即他在工作中必然心中装着学生，并一切从学生出发，为了一切学生的一切发展而努力工作。调研表明，专家型教师就是这样的教师。

李老师：在工作过程中，我逐渐感受到，教育过程不仅是传授知识的过程。作为一名教师，不能仅以完成教学任务为己任，因为教学任务是老师依据教学大纲或课程标准而定，但每个学生对教育的需求并非一致，而且教育也不能让不同的学生变成同样的人。为此，我后来备课时，不再是事先严格确定教学目标，而只是大致确定教学目标，然后在课堂上根据学生的情况不断调整教学目标，努力做到"以学定教"。

杨老师：在念大学的时候，教育学老师在上课时曾经强调过"以学定教"这句话，让我们在未来的教育教学过程中，以学生的具体实际最终确定教什么、怎么教及教到什么程度。我那时尽管熟记了这句话，且看似也理解了，但是，参加工作的前几年，我却基本上没有把这句话当回事，在教育教学实践中根本没有做到"以学定教"。其主要原因在于，刚参加工作的头几年，我一直处于"教教材"的境界，总是围绕"教材"开展工作，生怕教材内容没有讲透，生怕教学任务完不成，总担心学生的考试分数不高。不过，随着自己的阅历逐渐增加，尤其是接受新课改之后，我的观念逐渐发生了变化，真正领悟了"以学定教"的意蕴，发现教师真的不能对学生"教教材",而应该立足学生发展的角度"用教材"教学生。

龚老师：当教师的前几年，我总担心因自己的知识积累不够、经验不丰富、能力不足而影响了正常的教育教学工作，以为只要自己拥有了海量的知识、丰富的经验、过硬的能力就一定能把学生教好，学生一定就会满意。可是，后来我慢慢发现，尽管自己投入了很多精力，且自己觉得无论是知识层面、经验层面还是能力层面都有了明显的改善，但课堂氛围还是不够好，教学成效还是不够高。到底是什么原因呢？后来我慢慢发现，如果学生觉得教师讲的东西对他目前或将来没有价值，即使教师讲得再好，学生参与程度也不会高。只有立足学生的需要展开教育教学，学生参与程度才高，教育教学成效也才高。

黄老师：教学是教师与学生以教学内容进行互动和交流的活动，教师教的目的是学生更好地学，也就是说，教学的根本目的是为了促进学生的发展而不是为了学生获得一个高分数。尽管这些话我在书刊上看到过，也听专家多次讲到过，但在我入职的前几年它却很难指导我的教学实践。工作多年后，我不仅真正内化了这句话，而且在实践中尽可能去践行这句话。比如，有的时候，我课前本来拟定好了教学任务，但上课过程中发现学生跟不上我上课的节奏时，我会抛开事先设计的教学任务，一边探寻学生跟不上节奏的原因，一边进行复习引导。

刘老师：学生是教师存在的前提，没有学生的发展就没有教师的发展。这是我在入职培训期间一位专家做报告时讲的一句话。这句话起初并没有对我起明显作用，但多年之后，我对这句话的感触很深。入职之初，我备课时局限于教材和教纲（教学大纲），不是担心没有吃透教材，就是担心没有吃透教学大纲，因而习惯以教材内容和教学大纲来确定教学任务和教学内容，几乎没有立足学生的发展需要而设定教学任务和教学内容。上课时局限于教学任务和教学内容，不是担心既定的教学任务没有达成，就是担心既定的教学内容没有讲完，几乎没有考虑学生听课时的感受。多年后，通过不断反思自己在教学过程中存在的问题，我才真正认同了这句话。为此，我在之后备课时通常会认真想一想学生的知识水平、理解水平、性格特点、发展实际，尽可能让事先的教学内容符合学生发展的实际，满足学生发展的需要；在上课时，我会时刻关注学生听课的表情、思考学生互动的实际、分析学生答问的内容，尽可能让学生在课堂上"活起来"，让他们成为课堂的主人，让他们成为自己发展的主宰者而不是支配者。

专家：教学具有生成性，教师心中应有生成性的教学目标和生成性的教学内容这样两个概念，在教学的过程中，根据课堂实际，尤其是学生发展的实际，及时调整教学目标及相应的教学内容。不过，要做到这一点相对困难，只有那些具有丰富的教学经验并能将相应的先进教学理念运用于教学实践的教师才能真正做到。

四、职业超越期的特征

超越即超出、越过①。对从教者来说，因自身不断努力学习与钻研而使其突破专业发展的瓶颈而达到一种新的境界就是超越。本书将从教者的专业水平突破专业发展的高原期达至专业成熟状态水平之后的全部时期称为职业超越期。值得指出的是，并非一切从教者都能发展到这个时期，只有那些具有从教潜质且自身不断努力学习与钻研的从教者才能发展到这个时期。能够达到这个时期的教师通常被称为专家型教师。无数实践表明，职业超越期一般出现于从教者连续从事教师职业 15 年以后。不同专家型教师在职业超越期尽管也有不同的表现行为，但仍存在共同的特征，主要表现如下。

（一）敢于大胆教改创新

将教师职业视为志业的专家型教师，一旦自己的专业水平达到了成熟的境界，能够熟练自如地开展教育教学活动后，往往会通过自主进行教育教学

---

① 中国社会科学院语言研究所词典编辑室. 现代汉语词典（第 7 版）. 北京：商务印书馆，2016：153.

改革的方式，不断创新自己的教育教学活动，以此追求更优化的教育教学模式、更高效的教育教学成效。

李老师：近年来，我参加了两次骨干教师培训，在培训过程中，我接受了教育研究方法的培训，并初步知道了研究的基本方法与思路。培训结束返校后，我尝试主动针对自己教学过程中遇到的问题及学校同事经常提出的教学问题开展研究。通过研究，我不仅感觉生活比过去丰富多了，而且发现自己的研究成果居然也能在很大程度上解决昔日经常困扰我的问题。

杨老师：当前，在"互联网+"的大环境下，新型信息技术日益渗透于校园，局限于传统的模式开展教学显然不行。比如，微课的出现对传统课堂教学带来了很大冲击。鉴于这样的局面，我近来经常思考的问题是"如何改革我的课堂"。尽管我的课堂改革还在探索之中，但我坚信，总有一天我会摸索出一条有效提高课堂效率的路子。

龚老师：为了解决本班学生英语成绩普遍差的难题，我专门开展了有针对性的教学研究。研究之后我发现，通过运用"高强度集中背诵单词+高密度频繁词汇大赛+高速度大量阅读+高水平作文展示"的教学模式能够明显提高学生的英语成绩。

黄老师：为了解放学生，让他们学习起来不至于枯燥与苦闷，我总是想方设法地改革我的教学模式。比如，我有时采用自学辅导式的教学模式，有时采用小组合作学习的模式，有时采用个人自由展示的模式等。这种改革极大提高了学生学习的积极性，其学习成绩也有了不同程度的提高。

刘老师：现在的学生大多不太习惯主动学习，感觉他们整体上学习效率不算高。为什么会出现这样的情况呢？怎样解决呢？针对这类问题，我大胆预设了多种破解问题的方法并逐一小心谨慎地尝试。尽管迄今感觉效果不如预期的那样理想，但明显发现主动学习的学生多了起来，尤其与平行班级的学生相比，我们班学生的考试成绩有了明显提高。

专家：当一名教师在同一岗位工作多年后，难免出现倦怠之感。但是，能够成为专家的教师却能够通过自己的意志克服这种职业倦怠。不仅如此，他们为了充实自己的职业生活，通常会尝试突破以往的教学模式，自主探索自认为比较高明的教学模式。

（二）追求个人教学风格

教学风格是指"教学过程中所体现的教师个人特点的风度和格调"[①]。教学风格是教师的教学思想、教学艺术等特点的总体体现，教师的教学风格主要通过教学态度、教学情意、教学语言等一系列活动表现出来，如循循善诱、巧设疑问、旁征博引、论证严密、逻辑清晰、幽默风趣等，都属于教师的教学风格之范畴。一位教师之所以被称专家型教师，不只是由于他具有教师职业群体所共有的专门学问与技能，更是由于他具有个性化的教学风格。从模仿他人的教学风格到创新富有个性化的教学风格是专家型教师实现专业成长的惯常路径。

李老师：入职多年后，我逐渐发现很多教学名师在教学过程中虽然有着各自不同的教学风格，但他们带来的高成效的课堂这一结果却是一致的。这一发现，让我同时意识到，每位教师都可能会有属于自己的个性化教学风格。为此，当我在教学过程中感觉游刃有余时，我也开始了个性化教学风格的探索。比如，我上课时故意抛下一连串疑问而不直接提供答案，有时对某些问题故意只讲一半来"吊学生的胃口"以引发他们的求知欲。尽管我不敢说我的教学风格好，但我敢说我的教学风格与其他教师的教学风格或多或少存在一定的差异。

杨老师：我认为，教学有法而无定法，每位教师都应根据具体的教学情境而运用不同的教学方法。尤其是，每位教师的个性及知识结构与学习经历等均存在差异，不可能有哪两位教师的教学方法与教学形式完全一样，每位教师都应该有自己的风格。不过，这是我现在的想法。记

---

① 顾明远. 教育大辞典. 上海：上海教育出版社，1998：714.

得入职的前几年，我总是尽可能原汁原味地模仿那些资深老教师备课和上课，连说话的语气也尽量模仿。

龚老师：近年来，我不再像过去一样只顾羡慕那些名师的教学风格，我会不断琢磨、尝试并试图运用自己的表达方式进行授课，力图形成自己的教学风格。

黄老师：我刚参加工作时，已经从教一辈子的父亲便告知过我，一般教学经验丰富的老师都有自己一套独特的教学风格。比如，如何引入新课、如何表述问题、如何提问、如何答问、如何布置作业等，便让我用心模仿。经过多年的模仿，我发现自己好像也有了自己的一套教学表达方式，或许这就是人们所说的教学风格吧！

刘老师：我现在不仅喜欢站在学生的角度思考问题，并且喜欢在上课的时候尽量模仿学生的语言表述问题，我感觉学生更喜欢我现在的课堂。

专家：有志于教育事业的教师，一旦自己感觉真正站稳了讲台或教学得到了他人的认可后，便开始产生所谓的"野心"，这种"野心"的表现有很多，比如，超越同伴是一种"野心"，获得某些奖励是一种"野心"……其实，还有一种"野心"是希望有自己独特的教学风格。

（三）积极开展教学研究

教学研究是一种有目的、有计划地解决教学实践过程中的问题的科学研究活动。中小学教师开展的教学研究不同于专家学者的研究，他们开展研究的根本目的是为了破解他们在教学实践过程中所遇到的一系列现实问题[1]。中小学教师开展教学研究的形式很多，不需要拘泥于以申报各级各类项目的形式开展教学研究。对不少中小学教师来说，教学反思是其开展教学研究的一种主要形式。教学研究不仅能够提升教师的专业层次，更能提升教师的专业水平。对不断追求卓越的教师来说，往往会通过开展教学研究的形式去不断提升自己。

---

[1] 徐红. 现代教育研究方法. 北京：科学出版社，2018：7.

李老师：现在，我有一个问题越来越想不通，即"为什么不少专家提出的教学理论并不能很好地指导教学实践"。此外，我发现自己在教学过程中不断摸索出来的经验，才更能有效解决自己教学中的问题。当然，我不是说专家提出的一些教学理论没有用，我只是想说专家所提的理论可能是适用于一般情况下的理论，但每一位教师面对的学生及面临的教学情境等都会有特殊性。无论哪位教师，要想解决自己教学中的问题，必须自己去探索，专家提出的教学理论只能作一般性的参考。我是这样想的，也是这样做的。目前，我越来越喜欢自主探究我的课堂问题了。

杨老师：教学反思对我提高教学水平的帮助很大，我喜欢教学反思。尽管我不会将教学反思日志写成论文，但我现在几乎还是坚持每天写。据说教师撰写教学反思日志也算是做研究，是这样的吗？当然，不管算不算，我自己还是会坚持的，因为我觉得撰写教学反思日志能够改进我的课堂。

龚老师：在我的视野中，凡是真正的教学名师，都会有自己的教学思想，而这种源于他的教学思想必然是他本人不断在实践中探索并加以总结提炼出来的。为此，工作十余年后，我也开始针对教学中常见的问题展开思考，目前，这样的思考已经成了我的一种习惯。

黄老师：我工作的时间越长，我越发感觉教学中的问题越多。如何解决这些问题？总不能一直请教别人帮我出主意吧！在职后培训期间，我曾听一位专家说过，教学过程中的问题很多且很复杂，对教师来说，最好是自己解决自己教学过程中遭遇的问题，而解决的办法是开展行动研究。那次培训之后，我便按那位专家所说的行动研究的操作办法去尝试解决教学过程中的问题，结果还真管用。自从有了第一次成功研究的经历后，我便逐渐将这种行动研究当成我解决教学问题的重要手段。

刘老师：参加工作十余年后，我也如同其他很多教师一样不由自主地产生了职业倦怠感。我当时很困惑，当教师是我的理想职业，我为什么也会产生职业倦怠呢？怎样驱除这种职业倦怠感呢？当时也想起苏霍姆林斯基曾经说过的一句话，其大意是，如果你想让教师不至于将天天上课视为一种单调乏味的工作，那你就应该引导教师走上从事研究的路。正因为那句话，我开始琢磨怎样开展研究的问题。通过将自己想开展研究的想法告知大学时代的张老师后，张老师建议我选择教学过程中遇到的某一个具体问题展开研究。听从张老师的建议后，我便尝试开展研究，如今我已经习惯以研究的方式解决自己在教学过程中遇到的某些问题了。

专家：古今中外无数实践表明，教学研究是教师快速实现专业成长的重要途径，那些教学水平出众且还有一些教学研究成果的名师，没有哪一位的成功不是积极开展教学研究的结果。

（四）关注教育教学质量

教育教学质量不仅是学校生存与发展的生命线，更是教师生存与发展的生命线。对专家型教师来说，他们往往将教师职业视为一生的志业追求，有着很高的教育理想与思想境界，"质量意识"在他们心中有着牢不可破的至高地位。当然，这种"质量意识"不是停留在学生的考试分数上，而是聚焦在学生的全面发展上。通俗地讲，他们认为教育教学质量高不是学生的考试分数高，而是学生的身心获得了全面发展。

李老师：说来很惭愧，虽然说近九年我所任教的班级在全县组织的期末统考中一直处于年级学科排名前三的位置，但从未拿过年级学科排名第一的成绩。对此，我虽有遗憾和压力，但是并不太在意。我认为，考试成绩只能代表学生的一方面，学生接受教育教学后的许多收获是难以从考试分数上体现出来的，如人品，只有学生的身心全面发展了，我才认为教育教学是成功的。

杨老师：现在每学期结束时全县都会随机抽取某一年级的全体学生进行统考且排名，这种情况下，老师的压力真的很大。我认为，从教育管理部门来说有一定的合理性，但这种统考且排名的方式有着明显的不足。比如，众所周知，现在的考试主要考的是知识，难道说学生的考试成绩好就标志着教师的教育教学质量高吗？这显然是不对的。说实话，尽管我的班级学生考试成绩近些年来在全县组织的统考排名中均在前三名，但我从未因此而自豪过，因为我个人看淡这个排名，我真正在意的是我的学生到底哪些方面有了提高。

龚老师：作为一名高中的英语教师，我对现在的高中生感到很忧心，不过，我的这种忧心并不来自学生的考试成绩，因为我所执教的班级学生的统考成绩近五年一直在全县排名前三。我的忧心主要来自学生的思想层面。我是一名英语教师，我也是一名班主任，我在课余时间与学生交流时发现，现在的学生个人主义普遍比较严重，集体主义意识淡薄，社会责任感明显不如从前的学生，即使那些考试成绩十分优异的学生大部分也是如此。近段时间，我甚至经常想这样的问题，难道学生的成绩好就代表教育质量水平高吗？如果我们的教育培养了一个人品很差的"天才"，那么我们的教育岂不是最大的失败？作为教师的我们，岂不成了千古罪人？

黄老师：新课程改革实施了这么多年，素质教育也喊了不少年，但今日的教育依然是"应试教育"，整个教育系统的人仍然最关注学生的考试分数。不过，令人欣慰的是，国家现在明确提出了"发展学生核心素养"的指示，学校和教师也在围绕这一指示在努力做，但愿从今往后人们不再过于关注学生的考试分数，而真正地关注学生的核心素养。

刘老师：在我的心目中，优秀的学生并不只是那种考试成绩高的学生，一名优秀学生的考试成绩可能只是中上等甚至是中等，但他的思想与品行一定要好，否则，他的考试成绩再好我也不会看好。

专家：专业水平达至成熟状态的教师对教育的领悟越来越深，因而其教育质量观或教育教学质量不再拘泥于昔日的"考试成绩"或"考试分数"层面了，而是关注学生身心的全面发展。在专家型教师看来，人品比学品更重要，教育教学质量高的第一标准是人品好而不是学品好。

第二节　专家型教师成长的影响因素

人的发展的一般理论认为，人类个体的发展过程是人类个体与周围环境相互作用的过程，其发展过程一直受到个体自身的内部因素和个体所处环境的外部因素的双重影响，其最终的发展结果其实也是这两种因素共同影响的结果。教师专业成长的过程尽管是一类特殊人群的发展过程，但同样属于一种人的发展过程。由此不难推断，任何一名新手型教师在成长为一名专家型教师的过程中都会受到多种内、外部因素的影响，一名新手型教师最终是否能够成长为一名专家型教师关键取决于内、外部因素对其的影响情况。对新手型教师而言，只有理性对待这些影响因素，才能逐步满足成长为专家型教师的必备条件，进而最终成长为专家型教师。

一、专家型教师成长的外部影响因素

专家型教师成长的外部影响因素即影响一名教师逐步成长为一名专家型教师的一系列外部因素。基于已有相关文献，结合前期的个案研究及专家征询结果，不难发现，影响教师专业成长的外部因素很多，但总体上可以分为物质层面因素、制度层面因素和精神层面因素三种。

（一）物质层面因素

教师专业成长的过程是一个需要教师自身不断克服困难与挫折而努力去自我实现的专业发展过程，按马斯洛的需要层次理论，这种自我实现的专业发展需求显然属于一种建立于物质需求基础上的更高层次的需求。如果说教师的最基本的物质需要得不到满足，那么，教师会去追求层次更高的需求吗？

答案是否定的。物质因素是影响教师专业发展或专业成长的重要外部因素之一。其中，经济收入、住房状况和办公条件是影响教师专业成长的三大物质因素。

1. 经济收入

经济是重要的物质基础。贵州省教育厅副厅长李奇勇撰写的文章《别再折腾了，请让老师活的有尊严!》①指出，我国终于在 2013 年实现教育投入占GDP 总量 4%的目标。但是，这些经费大都用在了改善学校硬件条件上，学校建起了新校舍，教室装上了"班班通"等多媒体，操场也铺上了塑胶跑道。教育硬件资源得到极大补充，有些学校的硬件水平已经超过了发达国家水平。学校标准化建设迈入了一个崭新的时代，我们距离实现教育现代化的目标也越来越近，可学生并没有因此得到更多的好处，教师的境遇也没有切实得到改善。教师仍然在为投入与产出的不对等而苦恼，为付出与回报的不匹配而纠结。教师也是有喜怒哀乐、七情六欲的普通人，也要面对生老病死、成家立业等问题。试想，一位整日为经济所困而发愁的教师，他还有足够的心思追求所谓的专业发展吗？这一点，访谈教师的结果和专家征询的结果都是否定的。无论是接受访谈的老师，还是接受征询的专家，他们都一致认为，经济收入是制约教师专业成长的一个重要因素，想要教师积极追求专业发展，理应保障教师基本生活所必需的经济收入②。

2. 住房状况

住房是一种安全性需要，目前，有些地区的教师依靠自己的收入买不起房子。"安居"方可"乐业"。有些教师仍面临着"奉献一辈子，盼房一辈子"的处境。切实改善教师的住房状况，能提升他们的职业满意度和职业幸福感，从而提升他们追求专业发展的愿望，继而才能提升教育教学质量。自从国家住房政策调整以后，学校不再建教师福利房，其结果是大部分住房政策调整以后入职的教师没有福利房，他们要么聚居于学校临时提供的单身宿舍，要么租房居住，要么每天往返很长的路程回家与父母一起居住。对那些入职不久甚至是刚

---

① 李奇勇. 别再折腾了，请让老师活的有尊严. 2018. http://www.sohu.com/a/235366025_160154. [2018-8-10]
② 此处未展示接受访谈的教师及接受征询的专家所说的原话，下文同。

入职的年轻教师来说，工资收入本身不多，扣除保险和住房公积金以后就更少了，按照现在的住房政策和市场价格，他们完全依靠自己能力几乎买不起房。这样的住房状况催生了教师队伍的不稳定性，制约教师专业成长。受访的教师和接受征询的专家同样认为，住房问题解决不了，影响教师安心从教，不利于其专业发展。

3. 办公条件

目前，尽管国家在教育上投入的钱比过去多了很多，且学校的办学环境总体上得到了很大的改善，但是教师的办公条件依然不够乐观。比如，一些重点学校整个年级的教师仍然挤在一个相对狭小的房子里办公，更别说那些非重点学校和农村学校教师的办公条件了。仅从教学的角度讲，许多教师在一起备课、研讨固然可以，但是若教师需要找学生个别谈心或与学生家长沟通学生的发展问题怎么办呢？当然，如果学校专门提供这样的"谈心室"或"沟通室"也是可以的，但学校有足够的经济实力提供足够数量的"谈心室"或"沟通室"吗？教育教学的质量不只是仅仅反映在学生的考试成绩或考试分数上，教师的专业水平也不仅仅反映在提高学生的考试成绩或考试分数上，教师的专业发展或专业成长离不开良好的办公条件。受访的教师和接受征询的专家普遍认为，若学校给予教师的办公条件更好一些，教师在专业发展的道路上会走得更迅速些，至少更积极些。

（二）制度层面因素

在我国，教师属于体制内的人，其专业发展明显受相应制度因素的制约。受访的老师和接受征询的专家指出，目前制约教师专业成长的制度主要有师范生招生制度、师范生就业制度、教师资格认证制度、教师聘任制度、教师流动制度、教师退休制度、教师继续教育制度、教师评职晋升制度、教师日常考评制度等。

1. 师范生招生制度

招生制度是指各级各类学校招生目的、方针和实施办法等的总称[①]。现阶

---

① 顾明远. 教育大辞典. 上海：上海教育出版社，1998：1995.

段，高中毕业生主动报读师范的意愿较低，且师范毕业后从事教师职业的人数占比（与师范毕业生总数相比）不高。鉴于此，国家为了吸引更多优秀人才立志从教，专门出台了"免费师范生"①招生制度。遗憾的是，现实中多种原因导致不少免费师范生毕业后根本没有选择教师职业。受访的教师和接受征询的专家一致认为，师范教育对教师职前的专业成长至关重要，与非师范生相比，接受过系统师范教育的师范生通常在专业发展方面具有先期优势，其入职后更容易通过自身的努力而发展成为专家型教师。为此，进一步完善师范生招生制度，科学选择有志于教育事业与教师职业的师范生十分重要。

2. 师范生就业制度

随着我国高等教育的大众化发展，"毕业=失业"的现象普遍存在。在统招统分的就业制度下，师范生不必发愁就业问题，他们毕业后总能到相应的岗位上工作。但是，在当下双向选择的就业制度及教师编制管理制度的双重背景下，除了政策范围内的免费师范毕业生外，其他类型的师范毕业生如同非师范毕业生一样也面临就业问题。这样的师范生就业制度，对于师范生在师范院校读书期间踏踏实实地接受系统的师范教育，以及入职从教后的专业成长有所影响。

3. 教师资格认证制度

教师资格认证制度也称教师资格制度，是根据国家法律对教师实行的一种职业许可制度，是为保障教师具备基本的从业素质和能力而进行的资格审核许可制度，也是世界上许多国家推行的一项针对教师行业的职业准入制度。教师资格制度作为国家法定的职业准入制度，它所确定的教师入职条件和相关法规影响着教师任用标准的规范，对于加强教师职业专业化，提高学校教育质量具有重要意义②。教师资格认证制度主要包括教师资格基本条件、资格认定、丧失和撤销的原则以及认定教师资格程序等内容。从理论上讲，只有

---

① "免费师范生"现已改称"公费师范生"，虽然两者的含义发生了一点变化，但所指对象没有变化，本书仅是提及此对象而无须严格对两者进行区分，且学界早已熟悉了"免费师范生"这一概念，故本书仍然沿用"免费师范生"这一概念。

② 杜晓利. 教师政策. 上海：上海教育出版社，2012：24.

通过教师资格认证，获得教师资格的人，才能被允许从事教师职业。然而，因多种原因造成的当下教师人数缺乏的现实，一方面使得我国教师资格认证在实际标准上不够一致、认证程序上不够严格而影响了教师的专业成长；另一方面使得数量较多的新招录教师尽管没有获得教师资格证也同样进入了教师队伍，这些显然影响着教师的专业成长。

4. 教师聘任制度

教师聘任制度简称教师聘任制，是指聘任双方在平等自愿的前提下，由学校或者教育行政部门根据教育教学需要设置工作岗位，聘请有资格的公民担任相应教师职务的一项教师任用制度[①]。实行教师聘任制，不仅可以建立一种新型的公开、平等、竞争、择优的教师任用与管理机制，而且可以不断提高我国教师队伍的整体素质水平，因而无疑有利于促进教师专业成长。

5. 教师流动制度

教师流动制度是为了合理而有效地配置教师资源，切实促进教师专业成长而实行的一种教师制度。相关研究表明，教师流动的过程是一个不断在教育岗位与教师之间进行相互选择、合理组合的过程，只有在这个过程中，才能建立起"选优汰劣"的机制，从而迅速有效地改善教师队伍构成和整体素质[②]。显然，科学合理的教师流动制度无疑能够促进教师专业成长。

6. 教师退休制度

教师退休制度是指教师工作到达一定年限，按规定退出教师职务，享受一定待遇以终养余年的制度，包括退休原则、条件、待遇、审批手续、安置管理等规定。实行教师退休制度的目的是避免教师因年龄、体力等原因而导致工作效率退失，并为教师在退出教师职务之后的晚年生活提供保障。很明显，科学合理的教师退休制度在引领教师专业成长的过程中起着十分重要的作用。

7. 教师继续教育制度

继续教育是指对已获得一定学历教育和专业技术职称的在职人员进行的

---

① 杜晓利. 教师政策. 上海：上海教育出版社，2012：64.
② 杜晓利. 教师政策. 上海：上海教育出版社，2012：232.

教育活动①。实行教师继续教育制度的主要目的，一是进一步提高教师的学历与学位，二是促进教师不断更新教育教学知识和提高教育教学能力，以适应社会发展和教育发展的需要。在教师继续教育制度中最为典型的是教师培训制度。"基础教育课程改革要求教师持续成长。新的基础教育课程改革中蕴涵着许多全新的理念，诸如教育民主化、促进教育的国际理解、关爱自然、注重个性发展等世界教育的理念趋向，以及学科本位向学生本位转变、科学本位向科学与人文整合转变、集体统一性教学向个别差异性教学转变、知识技能接受教学向知识的主动建构转变等中国基础教育的未来取向等。这些在过去被忽视的问题，而却成为新基础教育课程改革的基本理念。因此，这就要求教师必须继续学习，走向教学成熟。"②目前，我国包含教师培训制度在内的教师继续教育制度在不同程度上具有一定的弊端。比如，就教师在职培训来说，大多数类型的教师培训由校外教育机构或高校承担，明显造成了教育理论与教育实际的脱节，许多教师培训忽视了成人的学习特点，教师接受培训的目的明显功利化等。显然，为促进教师专业成长，进一步完善教师继续教育制度势在必行。

8. 教师评职晋升制度

教师评职晋升制度主要是指教师职称评定制度。教师职称评定制度是由教师本人提出晋升职称的申请，由相关人员组成的职称评定委员会或职称评定小组对其学识水平、业务能力和工作成就进行考核，并根据中央或地方有关教师评定职称的规定进行评议，提出其是否符合晋升职称条件的意见，然后报上级批准的一整套工作制度。职称评定是依据一定的职称系列进行的，一定的职称系列是与一定的工作内容、专业知识、责任程度及工作能力相对应的，一般来说，教师职称越高，其专业水平越高。为此，完善教师评职晋升制度，进一步引导与激励教师不断提高其专业发展水平十分重要。

9. 教师日常考评制度

教师日常考评制度是指对教师进行常规的考核与评价。考核与评价具有

---

① 顾明远. 教育大辞典. 上海：上海教育出版社，1998：655.
② 宋乃庆，徐仲林，靳玉乐. 中国基础教育新课程的理念与创新. 北京：中国人事出版社，2002：203.

评定、监控、激励与引导等作用。教师的日常考评主要是指对教师的教学质量进行考评。具体来说，教师日常考评是指评价主体凭借一定的评价标准，以教师的课堂教学质量为重心，对教师的教学设计、教学方法、教学形式、课后辅导及作业布置等方面进行评价。对教师进行日常考评的目的，主要是通过促进教师不断进行教学反思、不断改进课堂教学、不断提升自己的专业发展水平，以不断提升教育教学质量。

（三）精神层面因素

教师专业成长的过程不是轻而易举的过程，也不是一朝一夕的过程，而是一个需要教师在相当长的一段时间内坚持克服困难与挫折而不断超越自己的过程。在这个专业成长的过程中，若缺乏精神因素的引领，教师很可能会向困难与挫折妥协或终止自己的专业修炼，其结果自然是难以实现足够的专业成长而达不到专家型教师应有的专业高度与专业水平，最终不可能成长为专家型教师。

在无数引领教师成长的精神因素中，"尊重感"可位列第一。教师本是一份崇高的职业，它曾经与"天地君亲"一道，被赋予了无上光荣。如今，教师职业已从神坛走下来变成了一个普通的职业，教师的社会地位与教师的重要程度相比显得极低，使得广大教师群体难以保持自尊与自信，从而难以与昔日的教师一样传递给学生自尊和自信，明显不利于培养学生的阳光精神与健全人格。当今社会，人们对教师的要求更高且给予教师的压力更大，但给予教师的尊重并不是很高。在人们的脑海里，教师应该如同"春蚕"和"蜡烛"一样，应该如同只求付出而不求回报的"苦行僧"。如此对待教师，怎么能够让教师安心教书育人？当前，高中毕业生不愿意报读师范院校，师范毕业生不愿意当老师，在职老师想方设法跳槽的现象比比皆是，其主要原因除了教师的经济回报很低之外，教师得不到社会应有的尊重也是其主要原因。本书认为，只有全社会真正形成尊师重教的氛围，教师才有满足感、幸福感和成就感，教师才愿意积极主动地追求专业成长，教育可持续发展才有保障。

二、专家型教师成长的内部影响因素

根据教师专业发展理论，一名教师要想成长为一名专家型教师，必须具备专家型教师应备的素质。不难推断，专家型教师应该具备的素质既是评判一名教师是否配称专家型教师的标准，也是影响一名教师成长为一名专家型教师的内部因素。基于已有相关研究成果，结合受访教师和接受征询的专家之观点，立足专家型教师应备素质的立场，本书认为，影响专家型教师成长的内部因素主要如下。

（一）身心素质

身心素质包括身体素质和心理健康素质两个方面。身体是行为活动的载体，良好的身体素质是确保个体顺利进行相应活动的最基本条件。正因如此，我国有关法律法规在教师资格认定方面对身体素质有着相应的要求，规定有先天性心脏病（经手术治愈者除外）、癫痫病史、精神病史等先天性生理缺陷者不能从事教师职业[①]。人的心理健康状况能够通过影响人的心理机能而不同程度地影响人的活动效率。有研究表明，人的心理状态既能提高人的各种心理机能，也能降低各种心理机能，活动效率对心理状态的依赖程度高达±70%[②]。对教师职业来说，教师是以心灵塑造心灵的职业，教师的心理健康状况能够不同程度地影响其学生的心理健康状况。相关研究表明，教师的心理健康状况可以影响学生的学习效果，影响学生人生观和价值观的形成，影响学生乐观情绪的建立，影响学生健全人格的养成[③]。在多元文化共存的当下，教师的心理健康状况对学生及教育的影响更为深远。显然，身心素质是影响专家型教师成长的主要内部因素之一。

---

① 张大均，江琦. 教师心理素质与专业性发展. 北京：人民教育出版社，2005：204-205.
② 张大均. 教学心理学. 重庆：西南师范大学出版社，1997：576.
③ 金小芳. 教师必备的十大职业能力. 长春：吉林大学出版社，2008：185.

（二）品格素质

本书所指品格素质包括品德素质和性格素质两个方面。从品德方面看，"品德就是品质道德"①。道德是"调整人们之间以及个人和社会之间的关系的行为规范的总和"②。任何职业都具有一定的职业道德，都需要其从业者遵守相应的职业道德③，教师职业亦不例外。教师的职业道德是教师在从事教师职业活动时，其思想和行为应该遵循的道德规范和准则④。教师能够将外部的职业道德规范内化为个人内在的心理需要，而后从相应的职业活动中表现出来。通过这种职业道德规范的内化过程，教师不仅能够改变自身的道德品质，而且能够通过其师德师风而潜移默化地对学生的道德品质起到一定的影响作用。正因如此，《基础教育课程改革纲要（试行）》中明确指出，新时期的教师应该加强职业道德修养，以之更好地加强学生道德、行为、人生观、世界观、价值观及思想政治素质的培养⑤；尤其是，免费师范生教育政策的提出，不仅昭示着教师教育应该着力培养师范生的思想品德，而且昭示着当下教师应该将思想品德放在十分重要的位置。从性格方面看，性格在个体人格结构中最具有核心意义，几乎涉及个体的心理过程及个性特征的各个方面，反映着个体的独特的行为方式，体现于个体的各种活动之中，且与职业息息相关。职业心理学的研究表明，性格与职业之间具有十分密切的关系，性格类型与职业类型的匹配度决定着事业的成功与否。每一种职业岗位都有独特的行为要求，而这种要求是否与个人的性格行为趋向一致，将决定个人的事业是否成功⑥。此外，个体的性格影响着个体对职业的适应性，不同的性格适合从事不同的职业，而且，一定的职业对个体的性格有一定的要求。显而易见，教师的性格品质对教师职业活动至关重要，一名教师理应具有与教师职业相应

---

① 中国社会科学院语言研究所词典编辑室. 现代汉语词典（2002年增补本大字本）. 北京：商务印书馆，2002：976.
② 文秉模，汪应峰. 大学教师伦理学. 合肥：中国科学技术大学出版社，1991：3.
③ 叶澜，白益民，王木丹等. 教师角色与教师发展新探. 北京：教育科学出版社，2001：18；历以贤. 现代教育原理. 北京：北京师范大学出版社，1988：364-366.
④ 张大均，江琦. 教师心理素质与专业性发展. 北京：人民教育出版社，2005：59.
⑤ 林倩. 论新课程改革中教师的素质结构. 四川师范大学学报（社会科学版），2005，（1）：58-62.
⑥ 梁凯. 论性格与职业选择. 教育与职业，2006，（14）：59-60.

的性格。比如，无数教育实践均已表现，宽容、仁爱、勤奋、刻苦就是教师应该具备的性格品质。总的来说，教师职业是一种集"言传"与"身教"于一体的职业，其最本质的特征就是"教书育人"[①]。所谓"教书育人"，本质上就是通过有目的、有计划、有组织的活动，使学生在获取知识、技能及发展智力的同时形成正确的人生观、价值观和道德观。不言而喻，教师不仅可以凭借自己的学识教人，而且可以凭借自己的品格教人。孔子说："其身正，不令而行。其身不正，虽令不从。"[②]孟子认为，"教者必以正"[③]，自己"身不行道"[④]，就不能教育别人。Combs 提出："一个好的教师首先是一个人，是一个有独特的人格的人，是一个知道运用'自我'作为有效的工具进行教学的人。"[⑤]俗话说，"桃李不言，下自成蹊"。所有这些，都集中表达了同一层含义，即教师自身的品格是一种巨大的教育力量，在教育过程中起着直接或间接的重大作用。由此可见，品格素质是教师专业发展的关键内容，也是影响专家型教师成长的主要内部因素。

（三）观念素质

此处的观念主要是指教师的教育观念。所谓教育观念，是指人们对教育现实的一种具有价值取向的理性认识[⑥]，是对教育现象及教育问题所持有的看法和态度。观念是行为的先导。教师的教育观念是教师对教育本质、教育目的、教育方法、教育过程、教育主体、教育质量等教育问题的理解，因而"对他们的教育态度和教育行为有显著的影响"[⑦]。教师是教育活动的设计者、组织者、实施者和管理者，其教育观念不同，则伴随的教育态度与教育行为就有所不同，从而引发的教育效果就会不同。观念是行为的先导，现阶段，一系列新的教育观念相继出现，作为新时代的教师，理应

① 周国韬，张明. 教师心理学. 北京：警官教育出版社，1998：6.

② 转引自（清）阮元. 十三经注疏（影印本）. 北京：中华书局，1980：2507.

③ 转引自（清）阮元. 十三经注疏（影印本）. 北京：中华书局，1980：2722.

④ 转引自（清）阮元. 十三经注疏（影印本）. 北京：中华书局，1980：2774.

⑤ Combs A W. 1965. The Professional Education of Teachers，Allyn & Bacon，Inc.p6-9.

⑥ 柳海民. 现代教育原理. 北京：人民教育出版社，2006：325.

⑦ 林崇德，申继亮，辛涛. 教师素质的构成及其培养途径. 中国教育学刊，1996，（6）：16-22.

具有与时俱进的教育观念。

（四）知识素质

知识是个体从事一切社会角色时都必须具备的先决条件。事实上，任何一个从事某一社会角色的人，都必然被他的社会圈子认为具有或者他自信具有正常扮演相应角色所必不可少的知识①。教师之所以配称教师，最基本的原因是教师在知识方面具有相对的权威性。从教师在教育教学过程中所扮演的角色来看，尽管教师扮演着多重角色，但其最传统、最基本的角色是知识的传授者②。教者必先知，在教育教学过程中，教师无疑需要运用多种多样的知识。亚里士多德曾经说过，惟有知者才能教，才能胜任某一学科的教学。③目前，教师职业已经被视为一种专业，而一种职业被称为专业的首要规定就是"专业的职业实践必须有专业理论知识作依据"④，显然，知识是教师从事教师职业活动时必须具备的资格或条件，或者说，知识是教师素质结构不可或缺的组成部分，专门从事教师职业活动的教师理当具备与教师职业相匹配的专门性知识体系。可见，知识素质是教师专业发展的基础，必然是影响教师专业成长的主要因素。

（五）能力素质

能力是以人的一定的生理和心理素质为基础，在认识和实践活动中形成、发展的完成某种任务的能动力量⑤，是人能够顺利完成某种或某项活动所必备的条件。教师的能力反映在教师职业活动之中，具体地说，反映在"教育"、"教学"及"教研"活动之中。教师的"教育"能力不仅可以直接影响学生的品格和智力的发展，还可以间接地影响学生的学习动机和学习成效；教师的"教学"能力是教学活动得以顺利进行和成功实现的根本保证，"具备教的能

---

① 〔波兰〕弗洛里安·兹纳涅茨基. 知识人的社会角色. 郏斌祥译，南京：译林出版社，2000：17.

② 柳海民. 现代教育原理. 北京：人民教育出版社，2006：202.

③ 转引自刘捷. 建构与整合：论教师专业化的知识基础. 课程·教材·教法，2003，（4）：60-64.

④ 叶澜，白益民，王木丹等. 教师角色与教师发展新探. 北京：教育科学出版社，2001：200.

⑤ 罗树华，李洪珍. 教师能力学. 济南：山东教育出版社，2000：8.

力是一名合格教师的最低线"①；教师的"教研"能力是教师从拥有"一桶水"变成拥有"一条奔流不息的源头活水"的必要前提，是教师自我发展，不断走向专业成熟的先决条件。具备一定的教育教学能力与教科研能力是教师顺利从事教师职业活动的条件，因而，与从事教师职业相关的能力系统理当是教师专业发展的基本内容，是影响教师专业成长的主要因素。

第三节　专家型教师成长的基本途径

前已述及，一名教师依次历经职前准备期、入职适应期、职业发展期和职业超越期四个发展阶段后，其专业水平可以从新手型教师水平逐步发展为专家型教师水平。可见，教师的专业素质并非都是在教师岗位上逐步养成的，有些素质其实是在师范教育阶段形成的，甚至有些素质在师范教育前初步具备或已经具备并基本成型②。在此有两点值得指出：第一，由于每位教师在系统接受师范教育前的经历各不相同且这段时间相对很长（通常在18周岁之前），尽管期间的经历会对教师的专业素质之养成具有一定的影响，但很难用有限的文字进行完整描述，恕本书不对教师在此期间的成长途径加以探讨；第二，教师可以通过接受某种教育或培训而实现专业成长，也可以自主发展而实现专业成长，即专家型教师成长的途径可以通过接受一定教育或培训，也可以通过一定形式的自主发展。本书所说的专家型教师成长途径包括这两种途径，且在阐释过程并未对这两种途径加以明确区分。基于教师教育一体化理论，本书分别阐述专家型教师在职前阶段、入职阶段和职后阶段的成长途径。

---

① 李建辉，王晶晶. 教师专业素质结构新探. 当代教师教育，2010，（1）：11-14.
② 李其龙，陈永明. 教师教育课程的国际比较. 北京：教育科学出版社，2002：388.

一、职前阶段的成长途径

从教师专业发展的视角看，教师的成长通常历经新手水平—胜任水平—能手水平—专家水平四个阶段，从一名新手型教师发展为专家型教师往往需要接受职前培养、入职教育及职后培训。诚然，仅凭师范教育阶段的职前培养难以造就专家型教师。然而，若在师范教育阶段以专家型教师为目标指引并实施相应的职前培养，则能大大缩短职前教师与专家型教师在专业水平上的差距。为了促进教师在职前师范教育的专业成长，高师院校至少应该在培养目标、课程设置、实践教学三个方面发力。

（一）培养目标直指专家型教师应备的五位素质

培养目标是对所要培养出来的人才在质量和规格上的总规定，是培养人才时的目标指向与培养依据[①]。高师院校在所有教师教育专业的培养目标定位上，应以专家型教师应备的五维素质为目标指引。这五维素质分别是：铸就健全的人格与健康的体魄，养成尚教、仁爱、好学、理智的品格，形成现代教育观、教师观及学生观，掌握扎实的所教学科知识、丰富的教育实践性知识、完备的教育理论性知识及广博的通识文化知识，获取出色的教学能力、持续的自主发展能力、独立的教育科研能力及杰出的德育管理能力。

（二）以"九大原则"设置"四分天下"课程

在课程设置上，以"九大原则"构建通识课程模块、学科专业课程模块、教育专业理论课程模块和教育实践课程模块"四分天下"的课程体系。其中，"九大原则"分别为：①人本课程与社本课程并重的原则（人本课程即以人的发展为本位的课程，其出发点是促进人的发展；社本课程就是以社会发展为本位的课程，其根本指向是促进社会发展）。②学科课程与教育课程并重的原则（学科课程即学科专业课程，对师范生来说，学科课程是指师范生学习的有关某一门具体学科的所有课程的总称；教育课程即教育专业课程，泛指为

---

① 徐红. "1+2+X" 专家型教师职前培养模式研究. 高校教育管理，2013，（6）：64-69.

提升师范生的教育教学理念、增进师范生的教育教学知识、提高师范生的教育教学能力等而开设的所有课程之总和）。③理论课程与实践课程并重的原则（理论课程泛指"教什么"及"为什么教"的理论知识类课程；实践课程泛指"怎么教"及"怎么教好"的实践知识类课程）。④人文课程与科学课程并重的原则（基于塑造师范生的人文精神与人文素养的课程；基于塑造师范生的科学精神与科学素养的课程）。⑤基础课程与专业课程并重的原则（致力于"宽口径、厚基础"培养的通识课程和学科基础课程合称基础课程；致力于"强能力"培养的课程属于专业课程）。⑥必修课程与选修课程并重的原则（必修课程包括公共必修课程和专业必修课程两种类型，其中，公共必修课程是指所有师范生都必须修读的课程，专业必修课程是指相应专业师范生必须修读的课程；选修课程分为任意选修课程与限定选择课程，其中，任意选修课程是指师范生可以根据自己的兴趣与需要任意选择修读的课程，限定选修课程是指相应专业师范生在限定的课程中选择修读的课程）。⑦应试课程与素质课程并重的原则（应试课程即应对考试的课程，具体而言，指应对目前全国统一组织的研究生入学考试及全国统一的教师资格证考试而开设的一些课程；素质课程泛指非应试课程，即并非为了应对目前全国统一组织的研究生入学考试及全国统一组织的教师资格证考试而开设的一切课程）。⑧综合课程与分科课程并重的原则（综合课程是基于培养师范生具有复合型知识结构且能胜任义务教育阶段综合活动课程教学任务的课程；分科课程是针对义务教育阶段设置的相应科目课程而为师范生分科开设的课程）。⑨在线开放课程与线下封闭课程并重的原则（在线开放课程是指以"慕课"为代表的课程；封闭课程是指由本校教师以面对面的方式直接为本校学生讲授的课程）。

（三）实施"5E+G"六环节实践教学模式

为切实提高师范生的专业技能，高师院校可以在师范生在校期间的四个学年里对其实施不间断的"5E+G"六环节实践教学。其中，"5E"分别是 education survey（教育调查）、education view（教育观摩）、education probation（教育见习）、education skills training（教育技能训练）及 education practice（教育实习）的首写字母，"G"则是 graduation thesis（毕业论文）的首写字母，这六大实践教学环节分别贯穿于师范生四年的不同学期，有效保证了教师教育专业实践教学的连续性与系统性。

教育调查是指对教育现象及教育问题进行的调查研究，通常设置在师范生入学后第一学年结束之后的暑假。教育调查可分为学校调查、教育行政调查、家庭调查及社会调查等类型，师范生在暑假期间可以根据自己的意向与兴趣任意开展某一种类型的教育调查。

教育观摩是指师范生深入义务教育教学第一线，旁观一线教师的德育与班级管理活动，旁听一线教师的课堂教学与实践教学活动，并从中学习和吸取教育教学经验及教育教学技巧的教育实践活动。教育观摩通常安排在师范生入学后第二学年的第一学期第三周进行，教育观摩的时间共计一周。

教育见习是指师范生进入义务教育学校，以辅导教师或教师助手的角色参与班级管理、作业辅导及家校联系等非教学活动的实践教学环节，通常设置在师范生入学后第二学年的第二学期第三周进行。教育见习的内容包括参与班会、协助处理班级日常管理工作、协助教师联系学生家长、随教师一起进行家访、辅导学生的作业、参与学生的课外活动等。

教育技能涵盖基础性教育技能、教学性教育技能、教育性教育技能及教研性教育技能四种技能。其中，基础性教育技能主要包括语言表达技能、"三笔一画"技能、"信息技术"应用技能、人际沟通技能等；教学性技能主要包括教学设计技能、教学实施技能、教学反馈技能、教学评价技能等；教育性技能主要包括思想教育技能、班级管理技能等；教研性教育技能则包括教学研究技能和"教育"研究技能（泛指非教学类的教育问题研究技能）。由于教育技能涵盖的内容十分丰富，相应的培养较为复杂，在现实中，通常将培养师范生教育技能的两个阶段分别称为教育技能训练Ⅰ和教育技能训练Ⅱ。其中，教育技能训练Ⅰ安排在师范生入学后第三学年的第一学期第一周；教育技能训练Ⅱ安排在师范生入学后第三学年的第二学期第一周。教育技能训练Ⅰ的主要内容为基础性教育技能和教学性技能的训练；教育技能训练Ⅱ的主要内容为教育性教育技能和教研性教育技能的训练。

　　教育实习是指毕业年级师范生将所学到的理论知识和教育技能综合运用于义务教育教学实践活动中，且自身素质伴随教育教学实践活动，得到全面锻炼与培养的一种实践教学环节，主要包括教学工作实习和班主任工作实习两个方面，一般安排在师范生入学后第四学年的第一学期进行。

　　毕业论文是指高师院校为了培养学生综合运用所学专业知识和专业技能独立解决专业领域内实际问题的能力，而要求学生在毕业之前撰写的学位论文。师范生撰写毕业论文的过程既是其在校期间的学习成果得以全面检验的过程，又是其综合能力得以全面锻炼的过程，还是其综合素质得以全面提高的过程。显然，撰写毕业论文不仅是实践教学的最后一个环节，还是最为重要的一个实践教学环节。毕业论文一般安排在学生入学后第四学年的第二学期进行。

二、入职阶段的成长途径

　　从教师专业发展的角度看，与职前和职后两个阶段的教育相比，教师在入职阶段接受的教育（简称入职教育）更为重要。这是因为：第一，入职教育能够有效沟通教育教学理论与教育教学实践，是新任教师有效适应教育教学实践、改善教学行为、提升教学效能感的重要保障，能够为教师持续的专业成长打下良好的坚实基础[①]；第二，在教师教育体制日益开放的当下，大量非师范类毕业生因仅仅通过拿到一个相对容易获得的教师资格证书，甚至有些仅仅通过某些招聘考试且并未拿到教师资格证书便进入教师队伍，他们明显缺乏系统的教育教学理论知识和教育教学技能训练，因而难以担当教师重任。那么，怎样开展入职教育才更能促进教师在入职阶段的专业成长呢？本书认为，运用"两段两型式"教师入职教育模式培养入职阶段的教师，是有效促进入职阶段教师专业成长的途径。所谓"两段两型式"教师入职教育模式，是指新教师在入职之后正式上岗之前的一年入职教育时间内，前半年由

---

① 张西方. 教师入职教育目标及其实现. 中国教育学刊, 2010, (9): 74-76.

各省教育厅统一组织并统一安排到专设的新招录教师岗前培训点，或由各县市教育局统一组织并统一安排在各县市教育局专设的教师进修学校里接受集中培训，后半年由省教育厅统一组织并分散安排到相应的义务教育学校跟随专业水平较高的资深优秀教师全方位实践学习，或由新教师所在的学校负责安排本校资深的优秀教师以"导师制"形式开展一对一的培训。"两段两型式"教师入职教育模式的主要内容如下。

（一）入职教育目标

入职教育是既已获得教师岗位但尚未正式上岗的新教师（简称新教师）经过系统培训之后成为合格教师的教育过程，是增强新教师的教育责任感和使命感，促进新教师尽快融入学校文化系统并有效从事教师职业的重要阶段。教师入职教育的基本目标有如下五个方面。

1. 增强新教师的教师职业认同感

在就业压力有增无减的当下，部分新教师选择教师职业是为了"就业"，缺乏教师职业认同感，因而当他们遭遇挫折或压力时，便容易对教师职业产生厌恶感、失望感甚至主动放弃。在这些对教师职业厌恶感明显、失望感突出甚至主动放弃教师职业的新教师中，不乏较有发展潜力且很可能成长为专家型教师的新教师。显然，入职教育的首要目标就是增强新教师对教师职业的认同感，促使他们平稳地渡过入职期，进而尽快发展成为合格教师，继而为未来发展成为专家型教师奠定基础。为此，在入职教育阶段，帮助新教师树立正确的教育信念、强化新教师的职业道德、培养新教师正确的教育观和教师观十分重要。

2. 改善新教师的教学行为

在缺乏入职教育这一环节的昔日，新教师往往凭借自身不断"尝试"的方式来探索成为合格教师乃至优秀教师的知识与技能。通过这种"尝试"的方式，不少新教师也可以发展成为合格教师乃至优秀教师，但这样做，需要耗费新教师大量的时间和精力，甚至还会产生一些有碍教学开展的策略，时间一长，这样的行为就会逐渐固化到教学行为模式之中，从而必然阻碍新教师发展成为一名合格教师。在入职教育阶段，帮助新教师逐步改善他们自身的教学行为，理当是重要目标之一。研究表明，参与入职教育的新教师无论在应对班级讨论、准备单元和课时计划，还是在维持课堂纪律等方面都能有明显的改善和进步①。一旦新教师的教学行为有了改善，他便极有希望发展成为合格教师乃至优秀教师。值得强调的是，尽管不能指望所有新教师接受入职教育之后都能发展成为合格教师乃至优秀教师，但部分新教师能够通过接受入职教育而成长为合格教师乃至优秀教师，因而教育行政部门和学校有责任为全体新教师提供最好的入职教育，以促进尽可能多的新教师发展成为合格教师乃至优秀教师。

3. 提升新教师的教科研能力

在教师专业发展理念不断深入的背景下，"教师即研究者"的口号越来越响，教师再也不能局限于传统的教育教学了，任何教师都必须从事或参与教科研活动。大多数新教师缺乏教科研能力，甚至有些新教师还缺乏教科研体验。为此，通过入职教育，传授新教师教科研理论知识，引导新教师形成问题意识，带领新教师开展教科研活动，加强新教师的反思能力，十分必要。

4. 提升新教师的心理调适能力

在新的时期，教师面临着多方面的压力与挑战，因而极易产生多种心理不适现象，对新教师来说，因缺乏相应的教育教学经验而使其面临的压力与挑战更大。实践证明，在入职教育阶段，给予新教师必要的心理健康教育知识与心理调适技术，他们的心理调适能力普遍有明显的提升。比如，接受过正规入职教育的新教师，在能力、动机、注意力、人际间的亲密关系和相互支持等方面能够感受到有所增强，对教学也开始有更积极的态度和认识；而没有接受正规入职教育的教师，在认识的积极性方面则明显低于接受过正规入职教育的教师①。因此，为新教师提供必要的心理调适技术，帮助新教师缓解与化解各种心理不适，实属入职教育的重要目标。

---

① 张西方. 教师入职教育目标及其实现. 中国教育学刊，2010，（9）：74-76.

5. 增强新教师的爱校情感

当下，国内学校除了与国外学校之间存在激烈的生存与发展竞争之外，国内学校之间也存在明显的生存与发展竞争，而且在某种程度上，国内学校之间因直接面临各种教育资源与教育利益的分配而使得彼此之间的生存与发展竞争更为激烈。在此背景下，各所学校都希望通过特色发展来寻求生存与发展之道。一般来说，新教师之所以被相应的学校所引进，主要是因为他们不仅有着与这所学校发展相匹配的学科专业方向，而且有着一定程度的专业知识和专业能力。不过，尽管新教师具有这样一些有助于其所在学校生存与发展的"资本"，但并不代表他们愿意或尽心为其所在的学校注入他们的"资本"。一旦新教师不愿意或者不尽心为其所在学校注入他们的"资本"，那么他们对其所在学校的生存与发展来说就会发挥十分有限的作用甚至毫无价值。为此，要想尽可能发挥新教师在学校生存与发展中的作用，必先设法引导新教师喜欢直至挚爱他们所在的学校，即培养他们强烈的爱校情感。只有他们挚爱自己所在的学校，他们才可能为其所在学校的生存与发展尽心尽力。显然，强烈的爱校情感是新教师甘于为其所在学校奉献力量的前提，因而理应作为新教师入职教育的目标。

（二）入职教育形式

本书认为，新教师前半年的入职教育适宜采用"集中培训"式的形式开展，后半年的入职教育适宜采用"校本导师制"式的形式进行。

1. 集中培训

集中培训亦称岗前集中培训（pre-service centralized training），它是世界多个国家惯用的教师入职教育形式，这种入职教育形式具有正式性、规范性、计划性和组织性。其主要目的是促进新教师熟悉学校工作环境、熟悉相关的教育政策、熟悉新课程标准、熟悉上课流程、熟悉学生身心发展特点等方面的内容，以尽快促使新教师顺利转换教师角色（从新教师角色转换成为合格教师角色），适应教师角色，演好教师角色。国内外入职教育实践表明，这种入职教育形式具有成本低、效益高且易于统一组织与管理等优点。

（1）集中培训的方式

集中培训的基本方式是，地方县市教育行政部门在教育部及省厅有关入职教育精神的指导下，将当地每年录用的新教师组织在其专门设立的教师进修学校里，或专门委托的教师教育机构里集中进行为期半年的培训，其培训的具体形式通常是集中上课、专家讲座、集体研习、在线学习、微格教学等。

1）集中上课。对一些理论性、系统性比较强的课程，可以由地方县市教育行政部门组织实施。集中培训的内容主要包括：现代教育教学理念、教师心理健康教育、学生心理发展理论、新课程标准、班级管理的原理与方法、教学策略与艺术、教育科研的原理与方法、教育测量与评价的方法与技术、学生课外辅导的方式与技巧、人际交往的艺术等。

2）专家讲座。对学校经常发生且难以对待的一些学术性课程，比如，如何正确面对青少年早恋现象？如何开展校本行动研究？如何处理素质教育与应试教育的关系？如何修炼教育机智？等等，可以由地方县市教育行政部门聘请高校相关专家及富有相关经验的中小学优秀教师以专题讲座的形式对新教师展开培训。

3）集体研习。对一些探讨性的课程，比如，班级管理个案讨论、学生思想教育个案讨论、教学疑难问题个案讨论、师生关系个案讨论、家校关系个案讨论、教师职业规划个案讨论、国内外课程发展趋势等，可由地方县市教育行政部门委托教师教育机构或教师教育研究机构负责实施。

4）在线学习。对一些个性化的培训课程，如针对不同学科方向或不同专业发展水平的新教师开设的课程，可由地方县市教育行政部门委托教师进修学校或教师教育机构负责实施。在线学习是指新教师利用教师进修学校的网络平台，就有关理论与实践问题与相关专家、资深优秀中小学教师、教育管理者，以及其他新教师之间进行探讨与交流，以促进自身专业成长的培训方式。

5）微格教学。对一些实践性课程，如课堂教学策略、师生沟通技巧等课程，可由地方县市教育行政部门委托教师进修学校负责实施。微格教学是指采用多媒体摄录系统，全面记录新教师在某段时间内的教育教学行为，然后由专家型教师或优秀教师、教师教育专家和新教师一起边观看新教师的教育教学录像，边从不同视角点评该录像，以促进新教师教育教学行为的培训方式。

（2）集中培训的管理

从入职教育实践看，教师入职教育是由多个部门参与的一项系统工程，各部门只有各司其职、相互协调，才能顺利而有效地开展[①]。为此，在入职教育实施过程中，各参与部门要各司其职，承担好相应的责任。

1）地方县市教育行政部门的职责。对地方县市教育行政部门而言，其在新教师入职教育期间的主要职责是：负责制定当地新教师入职教育方案；为开展新教师入职教育提供必要的经费；负责对其专门设立的教师进修学校或专门委托的教师教育机构，开展的集中培训工作实施情况进行监督与检查；负责组织与协调相关部门的工作；负责聘请校外专家或优秀中小学教师参与集中培训；负责对入职教育期间的新教师进行最终专业素质评价；等等。尤值一提的是，地方县市教育行政部门对入职教育考核不合格的新教师将继续留其在教师进修学校接受培训或作辞退处理，对涉及职前培养中的问题和基础教育改革发展的新要求，要及时反馈给高师院校或综合性大学的教育学院或教师教育学院，以促进高师院校或综合性大学的教育学院或教师教育学院改革职前培养方案和教育模式。

2）教师进修学校的职责。对地方县市教育行政部门专门设立的教师进修学校来说，其主要职责是：负责安排并协调好新教师的住宿及餐饮；负责安排并协调好各类培训场所；负责管理新教师的网络课程；负责落实相关培训课程与培训师资；负责记载并整理新教师在入职教育期间的各类表现；等等。

3）教师教育机构或教师教育研究机构的职责。对教师教育机构或教师教育研究机构来说，其主要职责是：参与或指导地方县市教育行政部门制定新教师入职教育计划；派送相关专业教师或研究人员参与新教师入职培训；指导新教师做好职业规划；引导新教师开展专题研讨；等等。尤值一提的是，

---

① 任学印. 教师入职教育理论与实践研究. 长春：东北师范大学出版社，2004：6.

在传统师范教育理念中，高师院校完成了教师职前培养便放弃了继续培养教师的责任。在现代教师教育理念中，高师院校必须主动参与教师入职教育，为中小学的发展和指导教师的培养提供专业支持①。

2. 校本导师制

综观相关文献发现，在国内外入职教育形式中，导师制亦是常见的入职教育形式之一。所谓导师制（mentoring），是指新教师所在的学校为每一位新教师指派一位或多位有经验的教师作为其指导教师，为新教师的教育教学活动提供建议并进行指导的一种培育新教师的形式。从教育伦理学的角度看，导师制是新教师与指导教师之间的一种正式的关系，用于为新教师提供帮助和改进教学技能②。以导师制的形式对新教师开展入职教育的目的在于，通过新教师经常跟班听经验丰富的优秀教师（简称指导教师或导师）的各种类型的课以及与指导老师的日常沟通方式，促使新教师快速适应教师职业、快速掌握教育教学技巧、快速提高教科研能力，从而促进新教师真正成长为一名合格教师。

（1）校本导师制的方式

校本导师制的基本方式是，新教师所在的学校在各级教育行政部门相关精神的指导下，立足本校的发展实情，根据每一名新教师的特点及发展需要为其配备一名本校资深的优秀教师作为其指导教师，以促进新教师快速适应本校环境、融入本校文化，并学会应对教育教学实践及教科研实践中常见的一些问题。校本导师制的具体方式有教学观摩、小组讨论、说课、评课、专题讲座、观察访问、协同教学等。

1）教学观摩。在指导教师授课时，其指导的新教师跟班对其授课行为进行观摩学习，或者学校组织新教师进入其他教师的课堂进行教学观摩。

2）小组讨论。针对某一个教育教学主题，如教学设计、课堂管理、师生关系、教材开发等，新教师与导师或其他相关经验比较丰富的同事及其他新教师进行研讨。

① 张西方. 教师入职教育目标及其实现. 中国教育学刊，2010，（9）：74-76.
② 转引自和利. 国外新教师入职培训的现状及模式. 师资培训研究，2005，（4）：47-51.

3）说课。说课是指教师以语言为主要表述工具，在备课的基础上，面对同行、专家，系统而概括地解说自己对具体课程的理解，阐述自己的教学观点，表述自己具体执教某课题的教学设想、方法、策略以及组织教学的理论依据等，然后由大家进行评说[1]。为了全面检视新教师的课堂教学能力，学校可以组织导师组逐一检查每一位新教师的说课情况并指出其课程的优劣。

4）评课。评课和说课一样，是一种在职学习方式，是有效教学的前提，通过评课能够有效提升教师自身的教学水平。对新教师来说，理应学会评课。为此，在入职教育期间，学校或新教师的导师应该组织新教师定期开展评课活动并指导新教师"从哪些方面去评价、依据什么标准去评价、按照什么样的思路去评价"[2]。

5）专题讲座。学校应该根据中小学教育教学或教科研实际中经常出现的问题，定期组织新教师听取本校导师的系统讲授。

6）观察访问。为了扩大新教师的视野，促进新教师更多地借鉴教学名师的成功经验，学校尽可能定期组织新教师到其他学校进行访问，观摩校外名师的教学风采。

7）教学反馈。导师或导师组在观看新教师的课堂教学实况后，对新教师课堂教学中的优秀表现进行肯定，并对其中存在的问题提出相应的改进建议。

（2）校本导师制的管理

良好的校本管理是"校本导师制"式的新教师入职教育成功实施的有效保证。所谓校本管理，是指新教师所在的学校为确保"校本导师制"式的新教师入职教育能够顺利而有效地进行，而制定的一系列相应管理制度与实施的一系列相应管理措施。具体来说，校本导师管理的主要内容如下。

1）制定导师遴选制度。学校通过一定的方式与途径，以制度的形式明确当选指导教师所应具备的相关资格，以及指导教师应该履行的相关职责和应该享受的相关权益等基本情况。导师具有严格的准入机制与退出机制。学校

---

① 鲁献蓉. 新课程改革理念下的说课. 课程·教材·教法，2003，（7）：25-30.
② 江玉安. 评课的三个基本问题：内容、标准与思路. 课程·教材·教法，2007，（3）：25-28.

校务委员会联合学校教职工代表大会（简称学校教代会）每年都要对指导过新教师的导师进行考评，考核合格者方有资格当选下一年度的导师，与此同时，也将遴选下一年的导师。此外，导师指导新教师满一年后也可以通过向学校校务委员会或学校教代会提出退出导师队伍的申请。

2）建立新教师与指导教师之间的双向选择机制。新教师所在的学校可以通过校园网、校园广播、校内报刊、校内宣传板、校内教师 QQ 群等多种渠道，将本校具有指导新教师资格的全体导师及所有新教师的相关信息公开，以便新教师与指导教师进行双向选择。之所以需要建立这样的机制，一是因为导师的个性特征、兴趣倾向及专业特长等各不相同；二是因为新教师的个性特征、兴趣倾向及专业需求等各不相同，双向选择有利于导师与新教师之间进行有效互动，从而保证新教师入职教育的质量与成效。

3）为新教师的入职教育提供相应的支持。在新教师接受入职教育期间，学校尽可能不给新教师排课，以便给新教师有更多的机会跟随指导教师学习或参与教学观摩、听公开课、参加校本教研等活动。此外，学校还应设立相应的经费，除保证新教师相应的基础性工作外，还应给入职教育期间表现优秀的新教师以适当的奖励。

4）合理安置新教师。新教师进校后，学校须为新教师提供住宿环境及必要的办公条件等，以便新教师能够安心学习与工作。

5）规划新教师入职教育期间的培训内容和培训形式。学校应该根据新教师的学科专业方向、已有知识与经验基础、学习风格、能力特长及个性差异为其制定个性化的培训课程。

6）制定新教师的入职教育考评机制。学校须成立新教师入职教育考评小组，对新教师入职期间的全部表现进行综合考核。经考核合格的新教师方能正式上岗，否则将在下一个半年继续接受入职教育且不享受基本工资，如果再次接受半年的入职教育之后仍不能通过相关考核，则只得接受学校的辞退。

7）监督导师和新教师在入职教育期间的相应职责。学校不仅要定期检查导师的指导工作，而且还要定期检查新教师的入职教育表现。比如，检查新教师和导师在听课、评课、思想交流等方面记录的入职教育日志，检查新教师的培训心得，定期举行新教师或导师的入职教育报告会。

（三）入职教育评价

对新教师的入职教育计划、入职教育过程及入职教育结果进行评价是入职教育的重要环节，是促进新教师成长为合格教师的重要手段，是确保合格教师进入教师岗位的重要措施。科学、合理的评价将对入职教育的实施起到反馈、调节、导向与促进的作用。

1. 入职教育计划评价

入职教育计划评价即评价入职教育计划。具体而言，入职教育计划评价是指当地县市教育行政部门或新教师所在的学校，为了保证其拟定的入职教育计划（或方案）确实科学、有效，组织相关评价小组对整个入职教育计划的内容、模式、进程及预期效果进行的系统评价。为了提高入职教育计划评价的科学性与有效性，必须严格入职教育计划审核制度。即当地县市教育行政部门设置相关的领导小组，对当地新教师集中培训式和校本导师制式的入职教育计划进行严格审核，以之确保入职教育计划的科学性、可行性和针对性。在此有两点值得指出。

1）在新教师参加集中培训式的入职教育之前，当地县市教育行政部门可以先通过诊断性评价的方式了解新教师的专业发展现状及存在的主要问题，为制定适合新教师的入职教育计划做准备。所谓诊断性评价，是指在入职教育活动开始之前对新教师进行的准备性评价[①]。而后通过召开全体新教师入职教育培训工作相关人员会议，制定新教师评价政策、评价原则、评价方式、评价程序及评价的时间流程及具体安排。

2）在新教师参加校本导师制式的入职教育之前，新教师所在的学校组织相关评价人员深入新教师的试讲课堂，在对新教师的课堂教学情况获得总体看法的同时，详细记录新教师的全部教学活动，之后根据总体看法和有关记录对新教师的专业发展水平做出初步评价，然后，在初步评价的基础上开展专门的评价性会议，最后，在评价性会议的基础上，根据新教师的实际情况

---

① 王斌华. 发展性教师评价制度. 上海：华东师范大学出版社，1998：117.

为新教师制定个性化的专业发展计划。

2. 入职教育过程评价

评价具有反馈、诊断、调节与激励等作用，入职教育评价对新教师的专业发展来说十分重要。入职教育过程评价是指，在入职教育实施的过程中，入职教育专门领导小组在客观搜集相关信息的基础上，对入职教育计划的实施情况及新教师在入职教育过程中的表现进行的评价。对入职教育计划实施情况的评价，主要是为了全面了解入职教育计划的科学性、合理性与可行性，并为以后进一步修改与完善入职教育计划提供参考依据。对入职教育期间新教师的表现进行评价的目的，是为了促进新教师在入职教育过程中取得更好的教育成效。科学、客观、公正、合理的评价可以促使新教师更加积极上进，否则，将会导致新教师以消极、应付的心态参加入职教育。对新教师在入职教育期间的评价方式主要是发展性评价。发展性评价也称作形成性评价或过程性评价。发展性评价是以满足新教师不断改进与完善自身专业发展需要为目的的评价。发展性评价的主要内容是新教师在入职期间的相关表现，其目的是全面了解新教师的专业发展状况，评价其对德育工作与班级管理策略的掌握程度、对课堂管理与教学常规和教学技能的掌握程度、对教育科研方法知识与技能的掌握程度等，找出新教师在专业发展方面存在的问题和不足，及时为新教师提供反馈，以促进新教师专业发展水平的提高。

3. 入职教育结果评价

入职教育结果评价主要是指对新教师接受入职教育之后的专业发展水平进行的终结性评价。具体来说，这种终结性评价是指，在入职教育全部结束后，由当地县市教育行政部门、新教师所在的学校及教师教育机构等单位或部门的有关人员组成专门评价小组，在广泛搜集相关信息的基础上，对新教师的专业发展水平实施的综合性评价。终结性评价的主要目的，是为了判断新教师通过入职教育之后是否达到了预期的教育成效，以及是否具备了达到合格教师的标准或是否满足合格教师的资格。对新教师的入职教育结果展开评价的流程除了事先成立专门的评价小组外，还包括如下流程。

1）搜集相关评价信息。搜集相关信息方式主要有两种：一是通过新教师自我评价的方式搜集相关信息。通过新教师自我评价，一方面可以促使新教师进一步认识自我，找出自身专业发展方面存在的优点与不足，另一方面可以让评价者比较充分地了解新教师的教育理念。二是通过深入新教师的课堂以全程听课的方式搜集相关信息。课堂教学是新教师专业活动的主要形式，评价者只有深入新教师的课堂，才能全面了解新教师的专业表现，进而对其专业行为做出准确判断。

2）由专业人员对搜集的相关信息进行综合分析之后，在综合分析的基础上对每位新教师的专业发展水平进行描述。

3）专门评价小组将终结性评价的结果反馈给每一位新教师，并为每一位新教师未来的专业发展指明尚需努力与提高的方向。

4）专门评价小组依据合格教师的专业标准，对新教师的专业发展水平是否已经达到合格教师标准做出终结性评价，并将评价结果上报当地县市教育行政部门、新教师所在的学校及新教师本人。依据这一终结性评价，当地县市教育行政部门和新教师所在的学校可以决定新教师的三个去向：一是正式上岗；二是尚需继续接受一段时间的入职教育之后方能上岗；三是劝退或直接辞退。

此外，入职教育结果评价还包括对入职教育计划实施的结果展开的评价，其目的是为了进一步改善或完善新教师入职教育计划，以之为今后制定入职教育计划铺垫基础。

三、职后阶段的专业成长途径

教师的专业成长是一个跨越职前、入职和职后三个阶段的持续过程。从教师专业发展的视角看，教师的专业能力主要形成于职后。例如，上海师范大学的一项调研显示，中学优秀教师的七种主要教学能力形成于职后的占65.31%，而大学前只占21.95%，大学期间只占12.74%[1]。可见，加强教师职

---

① 王邦佐. 中学优秀教师的成长与高师教改之探索. 北京：人民教育出版社，2001：95.

后培训与引导教师职后自主研修，有利于促进教师的专业成长。所谓教师职后培训是指对已经正式从事教师职业的在岗（或在职）教师展开的以提升其教育教学理念、优化其知识结构、发展其专业能力、提升其师德素质，从而满足其不断变化的工作需要和个人发展需要的师资培训活动。教师职后自主研修是指，教师个体为了进一步提升自身的专业水平而自主自觉地进行的各类具有研究性质的专业修炼活动[①]。

（一）教师职后培训

教师职后培训主要包括"国培计划"和校本培训两种。其中，"国培计划"是中小学教师国家级培训计划的简称，由教育部、财政部2010年全面实施。《教育部 财政部关于实施"中小学教师国家级培训计划"的通知》指出，"国培计划"是提高中小学教师特别是农村教师队伍整体素质的重要举措，包括"中小学教师示范性培训项目"和"中西部农村骨干教师培训项目"两项内容。校本培训是以教师任教学校为培训基地，辅之以大学或师资培训机构提供必要课程和人员而开展的师资培训活动[②]。本书无意在此分别阐述这两种职后培训活动的具体内容，而仅想从教师专业成长的立场阐明两者在促进教师专业成长方面的共同之处。

1. 职后培训目标

培训目标既是培训的出发点，又是培训的落脚点。从教师专业发展的角度讲，教师职后培训目标理当以专家型教师培养标准为引领。具体内容如下。

1）铸就良好的身心。良好的身心即身心健康。身心健康是一般教师成长为专家型教师的必备条件，是专家型教师应备的素质之一。良好的身心包括：①健全的人格，如心理行为符合年龄特征、乐于工作、人际关系良好、心理适应良好等；②良好的心境，如心情通常很平静；③精力充沛，如体力比较强盛、精神较为充足等。

2）养成优秀的品格。优秀的品格是一般教师成长为专家型教师的基

---

① 徐红. 新政策背景下中小学专家型教师培养模式研究. 武汉：华中科技大学出版社，2014：197.
② 代蕊华. 教师专业发展与校本培训. 北京：教育科学出版社，2011：29.

础，理应是教师职后培训目标之一。优秀的品格主要体现为：①优秀的理智品质，如敢于求真；②恪守教师伦理，如正直仁爱、诲人不倦、坚持师生平等；③坚定的意志品质，如直面挫折、持之以恒；④热爱教育事业，如视教师职业为志业。

3）形成先进的观念。观念是行为的先导，是行为结果的象征。专家型教师是专业发展水平达至成熟阶段的教师，理应具备先进的教育观念。先进的教育观念主要表现为：①师生平等的教育主体观，如认为教育过程就是教育者与受教育者以知识及技能为载体进行"对话"的过程，认为教师是"教"的主体，学生是"学"的主体；②以生为本的教育目的观，如认为教育的根本目的是促进人的身心全面发展、教育质量高就是学生的身心得到了全面发展；③多元和谐的教育评价观，如主张教育评价的方式是量化评价与质性评价相结合、认为教育评价主体是既包括教育管理者和教师又包括学生及其家长等。

4）习得合理的知识。作为教书育人的专家型教师，应该在一定的知识领域保持权威，合理的知识结构理当是专家型教师应备的素质。合理的知识结构包括：①完备的教育理论性知识，如与人才培养密切相关的教育学科类知识；②扎实的所教学科知识，如扎实的所教学科的理论性知识、扎实的所教学科的实践性知识；③广博的通识文化知识，如足够的科普类知识；④丰富的教育实践性知识，如丰富的教育教学案例知识、丰富的教育教学策略性知识。

5）练就过硬的能力。能力是顺利完成某种活动所必须具备的心理特征[1]，过硬的业务能力是教师成功开展教育教学活动及教科研活动的基石，一名教师之所以配称专家型教师，其主要原因就在于他具有过硬的业务能力。这些过硬的业务能力主要有：①出色的教学能力，如出色的教学基本功、出色的有效教学能力、出色的教育资源开发能力；②持续的自主发展能力，如自主学习能力、教学反思能力；③独立的教育科研能力，如发现问题与选择课题的能力、研究方法的选择与运用能力、科研成果的总结与推广能力、科研论

---

[1] 黄希庭. 心理学导论. 北京：人民教育出版社，2005：599.

文的撰写能力;④杰出的德育管理能力,如心理健康教育能力、思想教育能力。

2. 职后培训内容

教师职后培训内容直接反映着教师职后培训目标。教师职后培训目标是促使更多的教师成长为专家型教师,因而,教师职后培训"已不能停留于学科知识的扩展或某些课程的补课,而应侧重于学科知识的再研究、再认识,侧重于高新观点统领下的专业知识的学习,致力于重大教育教学改革方案的研究和教育科研水平的提升,提高其教育教学改革方案的设计能力、教育科研课题组织申报能力以及独立开展教育课题研究的能力"[①]。本书认为,教师职后培训内容主要包括以下五个方面。

1)专业理念。其主要内容有现代教育教学理念模块、现代教师教育理念模块及新课程理念模块等。其中,现代教育教学理念模块主要包括教育公平理念、教育均衡发展理念、现代教育目的观、现代教育内容观、现代教育过程观、现代教育评价观、现代教育主体观等;现代教师教育理念模块主要包括教师专业发展阶段理念、教师终身学习理念、教师教育一体化理念等;新课程理念模块主要包括新课程概念、新课程的学习观、新课程的教学观、新课程的主体观、新课程的教材观、新课程的评价观、新课程标准等。

2)专业品格。其主要内容有师德模块、教师心理调适模块及师生关系模块等。其中,师德模块主要包括《教育部关于进一步加强和改进师德建设的意见》和《国家中长期教育改革和发展规划纲要(2010—2020 年)》等教育政策与教育法规、中小学教师职业道德规范等;教师心理调适模块主要包括教师角色调适、教师心理健康;师生关系模块主要包括师生交往、师生互动、师生平等等。

3)专业知识。其主要内容有学生身心发展特点的知识模块、学科发展史专题模块、学科前沿知识模块、通识知识模块、现代学生管理类知识模块及现代教育技术知识模块。其中,学生身心发展特点的知识模块主要包括中小学生身心发展的阶段性及连续性、学生认知的特殊性;学科发展史专题模块

---

① 段作章,朱倩. 基于教师成长规律的教师培养模式一体化建构. 教育理论与实践,2008,(7):100-103.

主要包括学科在国内外的发展嬗变历程、学科的价值与地位等；学科前沿知识模块主要包括学科的前沿理论成果、学科的前沿实践成果、学科的改革与发展等；通识知识模块主要包括人文素养类、科普类知识及生理学基础等；现代学生管理类知识模块主要包括班级建设与管理、组织管理学、组织行为学等内容；现代教育技术知识模块主要包括计算机辅助教育理论知识、教学软件的设计制作与评价知识、传播学知识、计算机基础知识和常用办公软件的使用、网络资料查询与下载的知识、新课程的教学策略、新课程的研究策略及新课程的思维策略、多媒体教学课件制作技术。

4）专业能力。其主要内容有教育教学能力模块、教科研能力模块及德育与班级管理能力模块。其中，教育教学能力模块主要包括现代教育技术、教学设计、课程资源的开发与利用、教学实施、教学评价、教学实践等；教科研能力模块主要包括教师教育科研意识的培养、教育教学研究及案例分析；德育与班级管理能力模块主要包括思想教育、政治教育、心理健康教育等。

5）创新能力。创新是当代教育的本质特征。要想培养创造性的学生，教师必须具备一定的创新能力。创新能力的师资培训要注重强化教师的创新意识，使其树立探索创新精神。要组织教师从事教育科学研究，探索教育教学内在规律，设计、实施教育教学改革新方案，引导教师突破旧框框、创造性地组织教学活动，在教学结构、内容处理、方法运用等方面大胆创新，使教学活动富有趣味性，以培养学生学习能力和开发学生智力。

值得指出的是，参加职后培训的教师在专业发展水平上存在个体差异，且各自在专业发展方向上的需求也有所不同，因而职后培训不宜设置完全统一的培训内容。以上只是从总体上阐述了整个职后培训应该设置的课程内容，但在职后培训实践中，各所学校应该"针对不同层次、不同类型、不同规格和需求的培训对象与培训目标设置，既有共性也有个性，既有必修也有选修的不同类型的课程，使课程设置形成灵活机动多元化的新格局"①。

---

① 李其龙，陈永明. 教师教育课程的国际比较. 北京：教育科学出版社，2002：399.

3. 职后培训方式

综观已有相关研究，借鉴国外先进的教师职后培训经验，结合我国当下教师职后培训实际，本书认为，合理有效、切实可行的职后培训方式主要有以下八种。

1）聆听专家讲座。专家通常是指在某一学术领域或某一技艺方面具有较高造诣的人士。通过专家讲座的形式，可以在较短的时间内让参加职后培训的教师（简称参训教师）获取某一学术领域的前沿成果或最新技艺。为此，在教师职后培训阶段，各学校可以根据本校实情及参训教师的发展需要，同时结合教育热点并针对基础教育阶段教学的实际需要，聘请校内外专家以专题讲座的形式对参训教师进行培训。

2）观看名师讲课。教学名师是指那些具有先进的教育理念或独到的教育思想、突出的教学业绩且具有一定影响力和知名度的教学专家。组织参训教师观看校内外名师的示范课，可以促使名师及其示范课成为参训教师学习的榜样或效仿的对象，从而加快参训教师的专业成长速度。

3）模拟教学比武。教学比武并非传统意义上的教学竞赛。在教学领域谈比武，其实是将讲台比喻成战场。教学比武要求教师将讲台当成战场，发挥如同战士在战场冲锋陷阵般的竞争激情，多一些教学灵感和教学智慧，全身心地对待教学活动。通过模拟教学比武，可以促进参训教师在短时间内全面提升其教学能力。

4）讲授公开课。公开课一般是指以课堂教学为平台开展教学观摩活动或教学评论活动的一种教学反思形式或教学研究形式。作为我国本土化的公开课，"是进行教学研究、交流教学经验的一种有效形式"[①]。"公开课可以起到示范、观摩作用；为教师培训提供鲜活的教学案例；发现和培养教学新秀、展示教学探索的成果；为上公开课的教师的自我反思提供镜鉴和契机等作用"[②]，因而，在教师职后培训期间，通过组织参训教师逐一讲授公开课的方式开展职后培训，可以有效促进参训教师的课程开发能力、教学设计能力、

---

① 廖圣河. 真实：公开课的生命. 北京教育学院学报，2003，（4）：79-82.
② 肖川. 公开课与常规课. 教育科学研究，2007，（1）：58.

课堂教学能力、课堂组织能力及课堂管理能力，以及多媒体运用能力等全面而快速地提升。

5）相互评课。评课即评价教师的授课情况，具体而言，是指在听课之后对授课教师的课堂教学亮点与缺陷及其原因进行分析与评议的活动。评课的作用在于：其一，有利于促进教师转变教育思想、更新教育观念；其二，有利于促进教师不断总结教学经验、提升教学水平；其三，有利于促进教师更加重视课堂教学、主动改进课堂教学。通过参训教师之间以及参训教师与其他教师之间相互评课，可以有效达到交流互动、共同提高的效果。

6）"项目+共同体"。"项目+共同体"是指因为某个特定的项目（或者任务）而集合在一起的这个项目（或者任务）的学习共同体[①]。从教师专业成长或教师专业发展的角度看，"项目+共同体"是学习共同体的一种类型，它与其他类型学习共同体的主要区别在于，第一，"项目+共同体"是一种校本教师培训机制；第二，"项目+共同体"是由学校通过一定的管理制度组织的而不是教师自愿发起的；第三，"项目+共同体"的表层目标是完成特定的任务，深层目标则是促进教师专业成长；第四，"项目+共同体"的学习内容以解决特定任务为主，兼顾教师的兴趣；第五，"项目+共同体"的学习范式是一种以解决问题为指向的研究范式。

7）专题研讨。在教师职后培训期间，教师培训机构或参训教师所在学校可以有针对地预设一些专题，先让每位参训教师在查阅相关文献的基础上独立思考，然后组织参训教师集中交流讨论。在集中交流阶段，必须有专家全程参与。专家在集中交流过程中起必要的引导与小结作用。

8）教学现场指导。教师培训机构或参训教师所在学校有目的、有计划地聘请相关专家与参训教师共同开展备课（教学设计）、听课（课堂观察）、评课（课后点评）等活动，并请专家就教师教学中存在的问题或困惑进行现场指导。

---

① 邢云鹏，倪爱勤，姚翔，等."项目+共同体"：中等职业学校教师专业发展的路径设计与载体创新. 中国职业技术教育，2015，（31）：84-89.

（二）教师职后自主研修

教师的专业成长是一个与时俱进的过程，其专业水平难以通过一次或几次的职后培训提升至专家水平，一名教师要想最终发展成为专家型教师，离不开持续不断的自主研修。从当前我国学校及教师的实际看，同伴互助、教学反思、教学研究和终身学习是教师自主研修的五种基本途径。

1. 同伴互助

20 世纪 80 年代初，美国学者 B. Joyce 和 B. Showers 首先提出了"同伴互助"（peer coaching）的概念。同伴互助是指两个或两个以上教师之间在自愿、平等、民主的基础上，通过交往与互动、合作与帮助等手段开展活动，以解决他们在教育教学活动中遇到的问题并提高他们各自的专业水平为指向的一种教师职后自主研修途径。

同伴互助的基本形式有[①]：

1）对话。对话的类型主要有四种。一是信息交流。教师通过彼此信息的交流可以最大范围地促进教育信息的流动，从而扩大和丰富教师的信息量和各种认识。二是经验共享。教师通过经验分享，反思和提升自己的经验，借鉴和吸收他人的经验。三是深度会谈。深度会谈可以是有主题的，也可以是无主题的。深度会谈是一个自由的开放发散过程，它会诱使教师把深藏于心的甚至连自己都意识不到的看法、思想、智慧展示出来、表达出来，这个过程同时也是最具有生成性和建设性的，它会形成很多有价值的新见解。四是专题讨论。专题讨论是大家在一起围绕某个问题畅所欲言，提出各自的意见和看法。在这个过程中，大家互相丰富着彼此的思想，不断地提高自己和同事对问题的认识。知识也因此不断地变更和扩张。在讨论中每个教师都能获得单独学习所得不到的东西。

2）协作。协作强调团队精神，群策群力。第一，要发挥每个教师的兴趣爱好和个性特长，使教师在互补共生中成长；第二，要发挥每个教师的作用，每个教师都要贡献力量，彼此在互动、合作中成长。教学经验丰富、教学成

---

① 余文森. 论以校为本的教学研究. 教育研究，2003，（4）：54-58.

绩突出的优秀教师指导新任教师，发挥传、帮、带的作用，使其尽快适应角色和环境的要求。

通过同伴互助，新任教师或教学能力有待提升的教师可以在优秀教师的指导下学会发现、分析和解决教育教学实践问题，优秀教师虽然贡献了智慧，但从新任教师或教学能力有待提升的教师那里获得某些新的启发。可见，同伴互助实质是依靠集体智慧、思想碰撞、经验分享，启发教师思维，发现他人的真知灼见，消除独自面对问题的孤独、恐惧与忧虑，跳出狭隘的思维定式，找出阻碍个人专业发展的消极因素，消除同事间的隔膜，增进了解①，共同发展。不言而喻，同伴互助不仅能够防止和克服教师各自为战和孤立无助的现象，而且可以使每位教师个体的潜能得到充分的发挥与发展，并促使每位教师都能获得进一步的专业成长。

2. 教学反思

（1）教学反思的含义

反思是指人对自身的观念与行为进行反省性思考，其本质是一种理解与实践之间的对话，是这两者之间的相互沟通的桥梁，又是理想自我与现实自我的心灵上的沟通②。目前，自我反思被认为是教师专业发展和自我成长的核心因素③。

美国学者舒尔曼曾经指出，对于专业人员来说，最难的问题不是应用新的理论知识，而是从经验中学习。学术知识对于专业工作是必需的，但又是远不够的。因此，专业人员必须培养从经验中学习和对自己的实践加以思考的能力④。可见，作为一种专业人员的教师，理当具备这种能力。美国学者Posner 于 1989 年明确提出"经验+反思=成长"这一教师成长的公式。这一公式表明，教师的专业成长离不开持续不断地反思已有的教学经验。

教学反思是指，教师为了解决自己在教学过程中遇到的问题并进一步提升自己的教学水平，以自己的教学观念与教学行为为对象，不断进行理性审

---

① 张意忠. 同伴互助、博采众长：高校教学名师生成之道. 教育研究，2011，（3）：49-50.
② 朱小蔓. 教育的问题与挑战——思想的回应. 南京：南京师范大学出版社，2000：337.
③ 余文森. 论以校为本的教学研究. 教育研究，2003，（4）：54-58.
④ 〔美〕李·S. 舒尔曼. 理论、实践与教育的专业化. 王幼真，刘捷译. 比较教育研究，1999，（3）：36-40.

视的过程。教学反思的最终旨趣是促进教师的专业发展，因此，反思型教师是将自己的教育教学活动作为认知的对象，对教育教学行为和过程进行批判地、有意识地分析与再认识，从而实现自身专业发展的过程[①]。

（2）教学反思的内容

教师进行教学反思的内容主要包括五个方面：一是反思教学设计；二是反思教学过程；三是反思教学内容；四是反思教学效果；五是反思教学观念。

（3）教学反思的方式

教学反思的方式主要有以下三种。

1）写课后教案。新课程理念指导下的课堂教学具有明显的生成性，不少课堂问题在课前难以被预设或预料。写课后教案正是通过尽可能详细记录课堂真实情况，并在此基础上对其中存在的问题进行不断反思与总结，促进自己教学水平的进一步提升。

2）写反思日记。教师通过及时记录自己一天的教育教学工作，反思其中可能获得的经验与教训。

3）反观录像课。教师通过事先将自己的教学实况录摄下来，然后以他人的视角对其进行审视，从中发现自己的优点及存在的不足之处，以便今后在教学过程中能够扬长避短或长善救失。

3. 教学研究

顾明远认为，现代教育的一个重要标志就是教育行为对教育科学研究的依赖性[②]。这种依赖性必将随着教育现代化水平的推进而愈发彰显。在教育现代化水平越来越高的当今时代，"教师即研究者"的观念越来越受到推崇。研究表明，教师从事教育科学研究，不仅有利于其专业知识的拓展和专业能力的提高，而且有利于其专业地位的提升和专业自我的形成[③]。显然，作为一名新时期的教师，理当开展教育科学研究。从当下教师的职业特点与任务及职业角色发展的需要来看，最适合教师开展的教育科学研究类型是教学研究。

---

① 傅建明. 教师专业发展——途径与方法. 上海：华东师范大学出版社，2007：127.
② 顾明远. 教育科学研究与教育现代化. 人民教育，1997，（z1）：31-33.
③ 徐红. 现代教育研究方法. 北京：科学出版社，2018：10-11.

所谓教学研究，是指教师为了改进教学实践活动，提高教学水平与教学成效，基于自身的教学实践活动，发现问题、分析问题并解决问题的一种教育科学研究类型。教学研究的落脚点是"教学"，是为了"教学"而"研究"①。从当前现实看，教师从事的教学研究类型主要有如下几种。

（1）叙事研究

叙事研究也称"故事研究"，是以经验或故事为基础开展的一种研究方式。此处所述的叙事研究专指教师叙事研究，即教师为了改进教学并提升自身的专业发展水平，而以自身的经验或故事为基础所开展的一种研究活动。在这种研究活动中，教师既是叙事者，也是叙事的倾听者和反思者。叙事研究可以促进教师反思自身的专业成长，促进教师教学智慧与教学水平的提升。"专业经验对自己而言，是实践的一面镜子；对他人而言，则是实践的一扇窗"②，因而，教师开展叙事研究，有利于教师之间相互分享经验与故事。这种相互分享有利于教师感知自己的专业声音与观点，激励教师更高的专业意识，提升专业自信心以及从中学到有价值的、替代性经验③。可见，教师从事叙事研究，不仅可以促使教师研究出更有效的教学策略，并反思自身的教学实践效果④，而且可以促使教师拓展自身的专业视野与专业观念并逐渐形成个人独特的教学理论。

（2）案例研究

案例研究也称"个案研究"，是指对具有某种代表意义及特定范围的具体对象的一些典型特征，进行全面而深入的调查研究。教师开展案例研究，就是教师把教学过程中发生的某些典型事件用案例的形式呈现出来，并对其进行全面而深入的调查与分析过程。教师开展案例研究有利于教师省察已有教学理论与自身教学实践之间的关系，促使教师以研究的范式解决教学实践中

---

① 乔晖. 教师教学研究方式的选择——中小学教师专业发展的路径之一. 中国教育学刊，2009，（1）：58-61.

② Bullough R V，Baughman K. First year teacher-after eight years：An inquiry into teacher development. New York：Routledge Publishers，1997：153.

③ Bullough R V，Baughman K. First year teacher-after eight years：An inquiry into teacher development. New York：Routledge Publishers，1997：89.

④ Avalos B. Issue in science teacher education，IIEP research and studies program. New York：National Science Teachers Association Publishers，1995：20.

存在的问题。案例研究是与教师的具体教学工作相结合的，具有很强的情境性，要求教师以自然情境下所发生的真实事件作为研究对象，并依据特定的情境分析与解释某一真实事件。案例研究不同于思辨研究，不能通过思辨的方式抽象地思考问题并得出结论。教师只有走进真实的课堂环境，走进真实的学生群体，通过实地亲身体验而获取第一手翔实资料，才能发现真实的问题并找到解决问题的策略与方法，最终才能形成相应的"案例报告"。案例研究不仅有助于提高教师分析教学事件的能力，而且有助于提高教师的教学水平与教学智慧，从而有助于促进教师专业持续成长。

（3）行动研究

行动研究是指，社会情境的参与者为提高自己的行动质量并增进实际工作成效，对自己所从事的社会实践活动及其依赖背景进行的一种研究。值得指出的是，行动研究就是为行动而研究，在行动中研究，由行动者研究。在行动研究中，问题即课题，工作即研究，教师即专家，效果即成果。教师为改进自身的教学行动而从事的一类行动研究通常被称为教学行动研究。具体而言，教学行动研究是指，教师为了增进自己教学行为的有效性，有目的、有计划地对自身教学行为中的具体问题进行系统探究的一种研究活动。教学行动研究具有相对稳定的操作模式，教师操作起来比较容易，教学行动研究的问题是教师在实际教学中遇到的问题，教学行动研究的过程也是实际教学问题解决的过程，因而，教学行动研究是广大教师理应开展的一类教学研究。当然，从行动研究的这些立场与特点看，教学行动研究能够充分体现教师开展研究的主体性、主动性与灵活性，教师作为研究者开展教学行动研究是完全可能的，这是因为带着明确教学目的与任务的教师，在教学实践当中更方便全面深刻体察教学活动的背景，以及有关现象的种种变化，且更方便通过实践检验研究方案的可行性与有效性。教学行动研究是基于解决实际教学问题的研究，但并不是说教学行动研究一点也不关心一般性的教学理论。教学行动研究同样重视一般教学理论的运用、检验、修正、补充甚至证伪。通过教学行动研究，教师可以不断积累教学实践性知识，改进教学问题，提升教学理论水平与教学实践能力。

（4）经验总结

经验泛指人们由实践得来的知识或技能，有直接经验和间接经验之分。经验总结是指个体基于一定的价值取向，对某种实践活动进行回溯性的认识与思考，以期从这种局部实践经验中发现具有某种普遍意义的知识与技能的活动。通过经验总结的形式可以促使人们对某种事物的认识从感性认识上升到理性认识，因而在一定程度上可以达到探索这种事物发展规律的目的。因而，经验总结逐渐成了一种可以被接受、被运用的研究方法。这种方法就是当下所指称的经验总结法。对教师来说，由于在大量的教学实践中累积了诸多有关教学实践的比较零散的感性认识，为使这些感性认识上升到理性认识的高度并更好地指导今后的教学实践，学会运用这种经验总结法不失为一条很好的途径。经验总结法可以应用于一切教育领域，且除了教师以外的其他研究者也可以运用这种方法研究教育问题。为了与其他研究者运用经验总结法对一般性教育问题的研究活动区别开来，本书特将教师运用经验总结法进行教学研究的方式特称为教学经验总结法。教师运用教学经验总结法，其实是指教师在自然教学情境下，依据直接或间接的教学实践所提供的事实，按照科学研究的程序，分析相应的教学现象，揭示其内在联系，并尽量使之上升到教学理论高度的一种教学研究活动。尤为一提的是，教学经验总结与一般教学工作总结不同，两者的区别在于：第一，教学经验总结的范围是某一个完整的教学活动，教学工作总结的范围却是一个完整的年度或学期；第二，教学经验总结的对象局限于教学活动本身，教学工作总结的对象包括教学活动本身在内的一切相关教学工作；第三，教学经验总结是在自然情境下进行的，而教学工作总结是在特定情境下进行的；第四，教学经验总结的目的在于推广，教学工作总结的目的在于向上级汇报；第五，教学经验总结的内容涉及"是什么"和"为什么"，需要将感性认识上升到理性认识的高度，教学工作总结的内容涉及"是什么"，往往停留于全面而客观陈述事实的层面。课堂是教师发挥专业水平的基本场所，教师在走进课堂之前，原本进行了精心的教学设计，但是，其面临的教学对象由不同背景、不同个性的学生组成，因而最终的教学成效都可能与之前的预期成效有别（无论这种最终成效是比预期成效高还是低）。正因如此，教师理当有必要运用教学经验总结法探索其中的原因，为今后进一步提高教学成效找到相应的策略。通过经验总结，教师既解决了教学实践中的问题，又提高了自身的理性认识水平，从而不仅提高了自身的教学水平，而且促使了自身的专业成长。

4. 终身学习

终身学习是联合国教科文组织继终身教育后提出的一个十分重要的教育理论。终身学习的基本内涵是[①]：终身学习是一种建立在终身性学习化社会基础之上的学习，社会必须为个人的终身学习提供学习机会和条件；终身学习是一种终身性的学习方式，延续人的一生。终身学习不是一种正式的学习类别，也不是一种正规的学习体系，而是一种与生命共存并广泛渗透于社会各个角落的连续性学习。终身学习意味着将发展的主动权赋予成人自己，由成人自己根据社会需要以及个人愿望做出主动发展的选择。终身学习不仅强调学校阶段的学习，而且更强调人生各个阶段学习之间的衔接，它不仅强调学习知识与技能，而且更强调学习做人与做事。

1966 年联合国教科文组织在其发表的《关于教师地位之建议》中指出，教师工作就是一种"学习的专业""终身学习的专业"。可见，教师应该成为终身学习的示范者与引领者。当前，社会的进步和公共教育事业的发展为教师终身学习提供了有利条件，为教师不断培训和进修学习奠定了基础。教育部"继续教育工程"规划的中小学教师在职进修培训政策为教师终身学习思想提供了依据。当今时代，科技发展日新月异，知识"暴增"且"半衰期"明显缩短，教师只有持续不断地学习，更新自己的知识，才能做到与时俱进，才能胜任本职工作，才能不断促进自身专业水平不断成熟。此外，只有具备终身学习意识与终身学习能力的教师，才会自觉地在教会学生知识与技能的同时，千方百计地教会学生学会学习。

---

① 徐红. 新政策背景下中小学专家型教师培养模式研究. 武汉：华中科技大学出版社，2014：43.

第五章　专家型教师的培育机制

　　教师专业发展的过程是一个职前、入职及职后一体化的连续发展过程，因而培育专家型教师的过程必然是一个集职前、入职及职后于一体的培育过程。不言而喻，培育专家型教师的活动是一类培育专门人才的活动，从人才培育的角度看，为保障与促进专家型教师的培育活动有效而有序地进行，必须建立一系列与之相应的培育机制——专家型教师的培育机制。本章立足国内外已有相关研究成果，依据专家型教师的成长规律，分别从职前、入职及职后三个环节阐述适合当下我国现实国情的专家型教师的培育机制。值得指出的是，专家型教师的培育机制同样包括相应的激励机制、制约机制、保障机制，考虑到三种机制在培育专家型教师的实践过程中所起的作用既很难严格划清又无必要严格划清，因而，本章在阐述专家型教师培育机制的过程中，并未对培育专家型教师的相应机制从激励、制约及保障三个层面分别展开阐述。

第一节　专家型教师的职前培育机制

　　专家型教师的职前培育机制是指，在教师职前培育环节中所运用的一系列有助于培育专家型教师的机制。专家型教师的职前培育机制很多，本节着重阐释师范生公费教育政策机制、教师资格认证机制和教师教育课程运行机制三种较为典型的专家型教师职前培育机制。

一、师范生公费教育政策机制

师范生公费教育政策机制即指，通过师范生公费教育政策吸引更多优秀学生报读师范院校的举措，达到有效培育一批批挚爱教育、立志从教的优秀职前教师，继而有效缩短其从职前教师（准教师或新手型教师）逐渐成长为专家型教师所需要时长的一种教师职前育人机制。

目前，师范生公费教育是指国家在北京师范大学、华东师范大学、东北师范大学、华中师范大学、陕西师范大学和西南大学六所教育部直属师范大学（简称部属师范大学）面向师范专业本科生实行的，由中央财政承担其在校期间学费、住宿费并给予生活费补助的培养管理制度[①]。师范生公费教育政策正是针对这一师范生公费教育而来，其基本含义是指，六所部属师范大学公费师范生享受免缴学费、住宿费和补助生活费"两免一补"公费培养，以及毕业后安排就业并保证入编入岗等优惠政策，但这些师范生毕业以后必须到指定的中小学任教六年。值得指出的是，当下所说的师范生公费教育政策是在 2007 年 5 月提出并于当年秋季入学起在上述六所部属师范大学开始实行的师范生免费教育政策的基础上进行调整而来，师范生公费教育政策虽然于 2018 年 8 月 10 才正式公布，但将师范生免费教育政策中的"免费师范生"改称为"公费师范生"，以及履约任教服务期由十年及以上调整为六年及以上的决定，则是教育部等五部门为完善上述六所部属师范大学师范生免费教育政策在 2018 年 3 月印发的《教师教育振兴行动计划（2018—2022 年)》[②]中

---

① 国务院办公厅. 国务院办公厅关于转发教育部等部门教育部直属师范大学师范生公费教育实施办法的通知. 2018. http://www.gov.cn/zhengce/content/2018-08/10/content_5313008.htm.［2018-8-10］

② 教育部，国家发展改革委，财政部，人力资源社会保障部，中央编办. 教育部等五部门关于印发《教师教育振兴行动计划（2018—2022 年)》的通知. 2018. http://www.gov.cn/xinwen/2018-03/28/content_5278034.htm.［2018-3-28］

提出来的。

（一）师范生公费教育政策的相对优越性

比较国家先后出台的师范生免费教育政策和师范生公费教育政策不难发现，两者之间有着诸多相同之处。比如，从目标指向看，它们的根本目的都是培养大批优秀教师，用以建设德才兼备教师队伍，提高中小学教育质量和水平，进一步促进教育发展和教育公平，同时在全社会进一步形成尊师重教的浓厚氛围，让教育成为全社会最受尊重的事业，教师成为全社会最受尊重的职业，鼓励更多的优秀青年终身从教。不过，两者之间的差别也十分明显。与师范生免费教育政策相比，师范生公费教育政策具有相对的优越性。

1. 公费师范生就读师范的自豪感及毕业后从教的责任感显著提升

相比师范生免费教育政策，师范生公费教育政策背景下的公费师范生不仅在大学期间可以享受"两免一补"的公费培养，而且毕业后安排就业并保证入编入岗等优惠政策，促使师范生增强就读师范的自豪感及毕业后从教的责任感。

2. 公费师范生的师范生身份及入学时所选专业可以适当调整

相比师范生免费教育政策，师范生公费教育政策背景下的公费师范生若对当初入学时所选专业不满意，可按照所在学校的相关规定在师范专业范围内二次选择专业，若入学后经综合考察不适合从教，则在入学1年内按照规定退还本人已享受的学费、住宿费和生活费补助之后，由所在学校根据其当年高考成绩将其调整到符合录取条件的非师范专业。此外，在师范生公费教育政策背景下，热爱教育事业、有志从教并符合相应条件的非师范专业优秀学生，在入学2年内，可以在教育部和学校核定的公费师范生招生计划内转入师范专业，签订协议并由所在学校按相关标准返还学费、住宿费，补发生活费补助。

3. 公费师范生的履约年限更合理

在师范生公费教育政策背景下，师范生毕业后履约年限由原来的10年及以上调整为6年及以上。其合理性主要在于，6年的履约年限不仅可以使师范毕业生任教 6 年刚好能够完成小学 6 年、初中或高中 3 年的完整教学周期，而且可以使师范生有更大的职业发展空间。

4. 公费师范生可以在履职期间在职读研

在师范生公费教育政策背景下，师范生按协议履约任教满一学期后，可免试攻读非全日制教育硕士专业学位。具体来说，公费师范生按协议履约任教满一学期后，本人可以向本科就读的部属师范大学提出申请，经任教学校考核批准及部属师范大学综合考核录取后，以非全日制形式学习，若其在接受非全日制教育期间任教考核合格并通过论文答辩，则可以获得相应的学历与学位证书。

5. 公费师范生的就业地域不再局限于生源所在省份

在师范生公费教育政策背景下，公费师范生毕业后虽然一般应该回到生源所在省份中小学任教，但是出于志愿到中西部边远贫困和少数民族地区任教等特殊原因不能回生源所在省份任教的应届师范毕业生，可以在其毕业前申请跨省就业，经其所在学校、生源所在省份和接受省份省级教育行政部门审核同意并按有关规定与程序办理好相关手续即可。

6. 公费师范生在农村义务教育学校任教服务的年限相对缩短

在师范生公费教育政策背景下，在城镇学校就业的师范毕业生必须具有农村义务教育学校任教服务的年限由之前的 2 年缩短为至少 1 年。

（二）师范生公费教育政策机制的改革思路

从我国教育现实看，2007 年出台的师范生免费教育政策已经取得了喜人的成效。据报道，截至 2017 年，六所部属师范大学已累计招收免费师范生 10.1 万人，在校就读 3.1 万人，毕业履约 7 万人，其中 90% 到中西部省份中小学任教，许多中西部地区中小学实现了接收北京师范大学、华东师范大学等高校毕业生"零的突破"。尤为一提的是，2007 年出台的师范生免费教育试点工作不仅为地方中小学校源源不断补充了具有较高素质的优秀教师，而且还带动了 28 个省（自治区、直辖市）实施地方师范生免费教育，每年培养补充 4 万余名毕业生到农村中小学任教，在改善和均衡薄弱地区师资配置、帮助寒门学子圆大学梦等方面社会效果显著。[①]本书认为，尽管师范生免费教育政策业已取得显著的成效，且基于师范生免费教育政策进一步调整而来的公费师范生教育政策也将在未来教育实践中更加彰显辉煌，但是，想要进一步或全面满足全国各个地域、各所中小学校对优秀师范毕业生的需求，目前的师范生公费教育政策还应在如下机制层面做进一步调整与完善。

1. 全面实施师范生公费教育政策

目前，师范生公费教育政策通常针对六所部属师范大学而来，从现实看，师范生公费政策应该针对全体师范院校（含设有师范专业的综合性或多科性高校，下同）。这是因为，六所部属师范大学培养的师范毕业生尽管在专业水平与业务能力上相对更高，但是，一则其培养的人数十分有限，且"大部分免费师范毕业生在县城或中等城市就业，在大城市、农村或乡镇就业的不多，在普通高中或初中任教而在小学和其他单位工作的很少"[②]，远远满足不了全国广大地区众多中小学校尤其是边远山区学校和诸多教学点的需求；二则其培养的师范毕业生的从教意愿比不上地方院校师范类学生[③]，不利于当下教师职业认同感的提升。如果地方师范院校全都参与公费师范生的培养，一则可以弥补当下农村学校尤其是小学和边远地域教学点师资的不足，二则可以促进广大部属大学师范毕业生在一定程度上增强从教意愿。事实上，全国多个省（自治区、直辖市）的地方师范院校也有培养公费师范生的意愿，且已有不少地方师范院校已在所处省政府及省教育厅的领导下实质性开始招收公费师范生。比如，湖南省已于 2006 年启动实施农村小学教师定向培养专项计划，向农村学校公费定向培养师范生；2018 年，湖南师范大学等高校共计划招收公费定向培养教师 2000 余人。山东省 2016 年启动公费师范生培养计划，2016年和 2017 年分别招生 3000 人；2018 年，山东师范大学等 17 所高校共计划招生公费师范生 6000 人。因此，本书认为，师范生公费教育政策可以不局限

① 王家源. 九成免费师范生到中西部任教. 中国教育报, 2018-08-11.
② 付义朝, 付卫东. 首届免费师范毕业生就业情况及其影响因素分析——基于全国 6 所部属师范大学的调查. 河北师范大学学报（教育科学版）, 2012, (7): 54-59.
③ 付卫东, 曹青林. 高校师范类学生就业需求与师范生免费教育政策调整——基于全国 6 所部属师范大学和 30 所地方院校的调查. 华中师范大学学报（人文社会科学版）, 2013, (11): 182-188.

于六所部属师范大学，国家可以出台相应的文件催促并引导全国各省（自治区、直辖市）地方师范院校（含设有师范专业的综合性或多科性高校）全面实现师范生公费教育政策。此外，随着学前教育价值的日益凸显，以及学前教育的规模日益增加，加之社会对学前教育师资的急切需求，无论是部属师范大学还是地方师范院校，都应重视学前教育师资的培养，充分利用师范生公费教育政策，加大学前教育专业师范生的培养力度。

2. 差异实施"部省"两级师范生公费教育政策

所谓差异实施"部省"两级师范生公费教育政策，是指部属六所师范大学和全国省（自治区、直辖市）地方师范院校实施不同的师范生公费教育政策。一是部属六所师范大学由中央财政为其提供公费师范生所需要的相关教育经费，省（自治区、直辖市）地方师范院校由中央财政和所处省（自治区、直辖市）财政依据一定的比例为其提供公费师范生所需要的相关教育经费。二是基于"文凭筛选理论"，部属师范大学师范毕业生比师范院校师范毕业生更易凭借其文凭获得相对优越的工作岗位。因而，可以适度规定部属师范大学师范毕业生的就业面向主要为中等城市及大城市的中小学，地方师范院校师范毕业生的就业面向主要为县城中小学、乡村中小学及教学点。当然，为加强师范生在校期间学习的积极性，不仅综合表现较差的部属师范大学师范毕业生的就业面向可以等同一般地方师范院校师范毕业生的就业面向，而且综合表现优秀的地方师范院校师范毕业生的就业面向可以等同部属师范大学师范毕业生的就业面向。三是对面向中西部农村中小学、边远山区中小学、村小和教学点就业的各类师范生提供足够的经济补偿和评先评职晋升等方面的政策倾斜。四是部属师范大学全部培养本科及以上学历的公费师范生，地方师范院校除了可以培养本科及以上学历的公费师范生外，还可以专门针对农村偏远地区的中小学校及教学点培养专科层次的公费师范生，以满足当前农村偏远地区急缺教师而很少有师范生愿意前往任教的现实困境。

3. 完善公费师范毕业生从教后的动态交流机制

在强调公费师范毕业生前往农村学校（含教学点）任教的同时，不要让广大农村学校沦为新教师的"练兵场"。合理的做法应是，让一部分公费师范毕业生毕业时前往农村学校任教，而让另一部分公费师范毕业生在非农村学校工作几年后，再通过支教或城乡学校结对的方式到农村学校任教，以此促进城乡教师交流有序进行和城乡义务教育持续均衡发展。六所部属大学公费师范生和地方师范院校公费师范生若没有分别在农村学校任教一年和两年的经历，不得报读研究生或评职晋升。这样做，便于教育行政部门及相关高校有效引导应届公费师范毕业生理性选择先进入农村学校任教还是先进入非农村学校任教。

二、教师资格认证机制

教师资格认证机制是指，规范教师职业从业者应该具备与教师职业相应的基本要求或资格标准，并通过专门组织机构定期审核从业教师的相应资格、相应素质或素养的一种制度。完整的教师资格认证机制主要包括教师资格证书考试制度、教师资格证书申请制度及教师资格证书审核制度。教师资格证书审核制度本属于一种教师职后的培育机制，但由于与教师资格证书考试制度和教师资格证书申请制度的关系十分密切，为体现教师资格认证机制的完整性，本书特意在此将这三者放在一起加以阐述。

（一）教师资格认证机制的现存问题

教师是一类专业性很强的职业，理应要求从业者具有与之相应的资格标准，而教师资格证是国家对专门从事教育教学工作的教师规定的最基本要求。实施教师资格认证机制的主要目的，是保证教师职业从业者具有与教师职业相匹配的起码素质或素养。通过教师资格认证，既能保证教师职业从业者具备必要的素质与素养，又能保证教师入职之后继续不断提升自身的专业素质与素养，从而促进教师专业成长。科学、合理的教师资格认证机制无疑有利于保障与促进教师的培育。遗憾的是，目前，我国教师资格认证机制尚不够成熟，其主要体现如下。

1. 教师资格证书考试制度不够成熟且考试难度偏低

拿幼儿教师资格证书考试制度来说，幼儿教师资格考试不仅对参加考试人员的学历要求不高（中专即可报考），而且笔试考核内容主要是教育心理学知识，根本无法系统、全面考查报考者具备的知识和保教能力。该类资格考试的通过率相对医师资格考试和律师资格考试明显高很多。拿中小学教师资格证书考试制度来说，尽管对参加考试的人之学历要求有所提高，但与发达国家相比仍显偏低，且考试的内容局限于"综合素质""教育知识与能力""学科知识与教学能力"三门课程，小学教师资格证书的笔试部分还缺乏"学科知识与教学能力"这门课程的考试。当然，中小学教师资格证书考试的通过率仍然比医师资格考试和律师资格考试明显偏高。一般来说，无论是师范生还是非师范生，只要认真准备短短的两三个月时间，便能顺利通过笔试和面试。这样的考试无疑难以甄别教师资格证书申请者的真实素质与素养。此外，无论是哪个学段教师资格证书的考试，对教育教学实践能力的考核主要限于笔试之后的面试环节（半小时之内）。

2. 教师资格证书申请制度不够成熟且申请难度偏低

我国教师资格证书申请制度当下存在着一些亟待解决的问题：一是教师资格认证的程序和方法不够完善，且认证标准的操作性不强，难以对参加报考者或教师资格证书的申请者做出客观、公正的评价；二是缺乏相对稳定的教师资格考试之面试环节的专业团队，无论是哪个学段教师资格考试的面试主考官，都是临时聘请或抽调有限的教育行政领导、教育专家、学科专家及中小学校长或幼儿园园长组成。此外，我国现行的教师资格证书申请制度规定，只要具有相应的学历与学位，普通话考试成绩达到二级乙等（中文专业为二级甲等），且笔试和面试合格便能申请到相应学段的教师资格证书。这样的教师资格证书申请制度明显缺乏对教师资格申请者的实习环节的硬性考核，且对教师资格申请者师德的考查也流于形式，显然大大降低了申请教师资格证书的难度。

3. 教师资格证书的审核制度不够成熟且审核力度偏低

目前，我国虽然提出了教师资格证书的审核制度，但在现实中却往往以教师资格证书定期（五年一次）的注册制度作为代替。教师资格证书定期注册是对教师入职后从教资格的定期核查，经首次注册后，每五年应申请一次定期注册。一般来说，申请首次注册的教师，除了具有与任教岗位相应的教师资格证书及在编在岗外，还应满足其所在省级教育行政部门规定的其他相应条件。申请定期注册的教师，要想合格必须满足五大条件：①遵守国家法律法规和《中小学教师职业道德规范》，达到省级教育行政部门规定的师德考核评价标准，有良好的师德表现；②每年年度考核合格以上等次；③每个注册有效期内完成不少于国家规定的 360 个培训学时或省级教育行政部门规定的等量学分；④身心健康，胜任教育教学工作；⑤省级教育行政部门规定的其他条件。有下列情形之一者暂缓注册：①注册有效期内未完成国家规定的教师培训学时或省级教育行政部门规定的等量学分；②中止教育教学和教育管理工作一学期以上，但经所在学校或教育行政部门批准的进修、培训、学术交流、病休、产假等情形除外；③一个注册周期内任何一年年度考核不合格。暂缓注册者达到定期注册条件后，可重新申请定期注册。具体办法由省级教育行政部门根据实际情况制定。有下列情形之一的，注册不合格：①违反《中小学教师职业道德规范》和师德考核评价标准，影响恶劣；②一个定期注册周期内连续两年以上（含两年）年度考核不合格；③依法被撤销或丧失教师资格。我国教师资格证书定期注册制度实施层面缺乏第三方监督，使得现实中尽管不少学校的许多教师因教学任务过重等客观原因并没有如实完成国家规定的 360 个培训学时或所在省级教育行政部门规定的等量相应学分，但学校在集中为其进行定期注册时也仍旧为其注册了合格等级。

（二）教师资格认证机制的改革思路

针对上述教师资格认证机制的现存问题，相应的改革思路主要有：①在教师资格入口上，务必重视教师资格申请者的政治思想品德修养的测试，如通过类似人格量表的问卷进行测量；②加强对教师资格申请者实践能力的考察，如要求教师资格申请者上交可以证明自己实践能力的相应材料，并通过相应审核后才能进入面试环节。借鉴国外师范生的实习经验，我国各类师范生的实习时间累计至少半年，非师范生需累计至少一年；③在教师资格出口上，严格教师资格证书的学段类型（如幼儿教师资格证书、小学教师资格证书、中学教师资格证书等）并进行二次审核。我国教师资格证书的类型是基于教学科目和教学年限进行划分的，缺乏从教师专业发展水平的层面进行分类，因而不利于激励教师不断提升自己的专业水平。为此，本书认为，为进一步促进教师专业成长，可以将各学段的教师资格证书按相应学段教师专业发展的等级水平进一步分为相应学段的初级教师资格证书、中级教师资格证书、高级资格教师证书和特级资格教师证书四大类，每一级的资格证书都有相应的考核条件和认证标准[①]。此外，成立第三方教师资格审核组织，每五年对已经获得教师资格证的教师从心理健康与师德、教育观念、知识与能力、现代信息技术等层面进行严格考核，凡考核不合格者，取消其教师资格证。如此做法，不仅有利于保障教师必备的素质与素养，而且有利于促进教师自主专业发展。

三、教师教育课程运行机制

教师教育课程是指教师教育机构为培育（含培养和培训）幼儿园、小学和中学教师所开设的通识教育课程、学科专业课程和教育类课程。教师教育是一个职前培养、入职教育及职后培训的一体化过程，因而教师教育课程涵盖针对职前教师（教师教育专业学生）的教师教育课程、入职教师的教师教育课程和职后教师的教师教育课程三类，本书所提到的教师教育课程特指针对职前教师的教师教育课程。教师教育课程运行机制是指教师教育课程产生、实施和评价的程序、方法及相应规制，包括教师教育课程生成机制、教师教育课程实施机制和教师教育课程评价机制。

---

① 邓旭，阮景婷. 中小学教师资格认证制度的国际经验及其借鉴. 内蒙古师范大学学报（教育科学版），2016，（8）：7-10.

（一）教师教育课程运行机制的现存问题

教师教育课程不仅是培育教师的"蓝图"，而且是培育教师的"养料"，在教师教育专业学生的培育过程中无疑具有不可或缺与不可限量的作用。科学、合理的教师教育课程运行机制，不仅能够有效保障教师教育课程系统有序运行，而且能够有效保证教师教育课程体系的科学性与合理性水平。因而，对提升教师教育课程质量、优化教师教育课程结构、增进教师教育课程的育人功能，以及促进教师职前的专业发展等方面具有重要保障作用。遗憾的是，我国当前的教师教育课程运行机制明显不够完善，其主要表现有：①无论是一门单一的教师教育课程还是一整套教师教育课程体系，其产生、调整与淘汰过程，不仅通常缺乏科学的论证与规范的程序，而且通常缺乏充分的依据与明确的标准；②在教师教育课程运行过程中，因学术创新不足等原因，不仅某些教师教育机构在教师教育课程决策层面明显草率，而且不同层次、不同类型教师教育机构的教师教育课程体系简单模仿甚至完全移植的现象比比皆是；③不少教师教育机构缺乏专门的课程委员会，缺乏对各自业已开设的教师教育课程进行跟踪调查与及时反馈。因此，我国当下教师教育课程体系存在雷同明显、课程结构不尽合理、课程质量参差不齐、课程价值难以落实等现实问题。显然，改革我国当前的教师教育课程运行机制，以之促进教师教育专业人才培养质量的提高与教师职前专业发展水平的提升十分必要。

（二）教师教育课程运行机制的改革思路

如何改革我国当前的教师教育课程运行机制呢？本书认为，有效的改革对策可从如下几个方面入手。

1. 改革教师教育课程生成机制

教师教育课程生成机制是指，由教师教育研究机构、教师教育学术团体、教师教育课程专家及教师教育机构教师，依据一定时期教师教育的特点及社会对教师素质的需求，所提出的培养教师所应该开设的课程，经教师教育机构课程委员会研讨并报相关部门审批后，正式纳入教师教育课程体系这一过程的程序、方法及相应规制。

教师专业发展水平的高低决定着教育质量的优劣，培育教师是一件关系国计民生的大事。培育教师的教师教育课程既不能简单地由教育行政部门决定，也不能简单地由教师教育研究机构、教师教育学术团体、教师教育课程专家或教师教育机构教师任何一方单独决定，切实可行的做法应是：国家成立如同中小学教材的研究机构一样的专门研究教师教育课程的机构，对全国不同类型、不同层次的教师教育机构均应开设的教师教育课程门类及课程大纲加以规范，并要求各个教师教育机构成立教师教育课程委员会，对自行开设的教师教育课程门类及课程大纲进行认真审核后应报送其上一级主管部门备案。

2. 改革教师教育课程实施机制

教师教育课程实施机制是指，正式纳入教师教育课程体系中的课程，经任教相应课程的教师解读后正式进入课程实施环节这一过程的程序、方法及相应规制。

课程实施即实施课程，是将课程方案付诸实践的过程[①]，是将既定的课程转化为学生经验的课程或体悟的课程的阶段。科学、合理地实施课程，是提高既定课程的价值与功能的关键。从我国当下教师教育实践看，一方面，各个教师教育机构为教师教育专业学生开设的教师教育课程门类较为丰富；另一方面，各个教师教育机构培养的教师教育专业毕业生，在专业知识的掌握、专业技能的获得、专业能力的发展等方面并未有明显的变化。尽管其中的原因很多，但各个教师教育机构中任教教师并未真正保质保量实施好相应的教师教育课程必然是其主因之一。教师是实施课程的主体与关键，教师个人的教育理念、教育态度及对课程本身的理解与领悟水平等，都与教师实施课程的实践活动密切相关。为此，敦促各个教师教育机构的教师教育课程委员会通过一定的标准，严格规范任教教师科学实施相应的教师教育课程实属当务

---

① 黄甫全. 课程与教学论. 北京：高等教育出版社，2002：326.

之急。

3. 改革教师教育课程评价机制

课程评价机制是指，检验正式纳入课程体系的课程、正式进入课程实施环节的课程和教师教育专业学生实际体验的课程三者之间差距的程序、方法及相应规制。

从现实层面看，我国教师教育课程运行机制不够合理的又一主要原因在于缺乏第三方评价。为提高教师教育课程运行机制的有效性，理应成立独立于教育行政部门及教师教育机构的第三方教师教育课程评价机构。该类评价机构成立之后，可以按照一定的标准，定期对国家教师教育课程研究机构为各级各类教师教育机构拟定的教师教育课程和各个教师教育机构自行开设的教师教育课程及其运行情况进行评价，以此保障与促进教师教育课程科学、合理地运行。

第二节　专家型教师的入职培育机制

尽管教师教育不再是一个新的概念，但迄今仍有不少人以为教师教育就是传统意义上的师范教育（教师职前培养），或者是教师职前培养与教师职后培训的总称。其实不然，真正意义上的教师教育乃是涵盖教师职前培养、入职教育和职后培训一脉相承的连续阶段，每个阶段都有其特定的任务，贯穿教师的一生[1]。教师的入职教育（入职培育）在整个教师教育中同样具有十分重要的地位，教师的入职培育对教师的专业发展、促进教师的专业成长也至关重要。显然，保障与促进初任教师迅速实现专业成长并迅速缩短与专家型教师之间在专业发展水平上的差距之机制——专家型教师的入职培育机制，对初任教师的入职培育来说，显得格外重要。从当前教师入职培育实践看，

---

[1]　胡森. 国际教育百科全书（第9卷）. 贵阳：贵州教育出版社，1990：19.

集中培训机制、校本入职培训机制、导师帮扶机制及自学研修机制，是较为典型的四类专家型教师入职培育机制，本节将着重对其逐一阐述。

一、集中培训机制

集中培训机制也称岗前集中培训机制或新招录教师岗前培训机制，是指各地（市、州）或县（区）的地方教育行政部门在教育部及省教育厅有关入职教育精神的指导下，依据一定的流程与管理方式将本地（市、州）或县（区）每年新招录的教师（简称新教师）组织在其专门设立的教师进修学校或在其委托的相关高校等教师教育机构集中进行培训的一种形式。集中培训具有正式性、规范性、计划性和组织性的特点。集中培训是由我国《中小学教师继续教育规定》所要求的教师入职培训形式，因其具有易操作、见效快的特点，在教师入职培训中占据重要地位。集中培训的主要目的是促进新教师熟悉工作环境，了解相关教育政策法规，掌握相应的课程标准，学习上课流程，了解和熟悉学生，使之顺利地完成从新教师到合格教师的角色转变[①]。集中培训的方式主要有集中授课、专家讲座、集体研讨、在线学习、微格教学、教学观摩等。集中培训的内容主要包括教育政策和法律法规、教育学科相关理论、教师职业道德、基础教育改革专题、班级管理工作等。从当前教师入职培育现实看，尽管集中培训在促进新教师专业成长方面成效明显，但鉴于其往往过于"集中"而难以关注新教师的个别差异及需求，且培训内容大多理论性过强而难以指导新教师学以致用，因而总体上的培训效果并不理想。针对因集中培训机制不够完善而体现出来的上述问题，本书认为可以从如下两个方面加以改进。

（一）分类实施集中培训

分类实施集中培训是指，针对新招录教师入职之前是否受过系统师范教

---

① 徐红. 新政策背景下中小学专家型教师培养模式研究. 武汉：华中科技大学出版社，2014：190.

育这一实情，先将他们分成两类受训新教师，然后根据两类受训新教师不同的学习需求实施差异化集中培训。现阶段，因师范教育向教师教育转型，不少非师范类毕业生顺利通过多种形式与途径进入教师系列，从而使得新教师群体中出现了"科班类"新教师（师范类专业毕业的新教师）与"非科班类"新教师（非师范类专业毕业的新教师）两类新教师群体。从现实层面看，与"非科班类"新教师相比，"科班类"新教师因修读有关教师教育课程占用了一定的学时而修读相关学科课程相对偏少，毕业前不仅较为系统地学习了有关教师职业所必需的教育学类理论知识，而且还接受过一定时间的教育教学实践训练，因而在入职教育期间，两类受训教师无论在培训内容上，还是在培训形式上均有所差别。比如，从培训内容上看，对"科班类"新教师来说，除了重点加强教育教学案例知识培训外，还应适当拓展其相关学科的知识，以弥补其相关学科知识相对薄弱的事实，否则，他们便会认为培训内容重复而参与培训的意愿与兴趣明显减弱；而对"非科班类"新教师来说，不仅要给予其教育教学案例知识，而且还要弥补其相对缺乏的教育学科理论知识及增加教育教学实践训练，否则，它们便会觉得未来的教育教学实践缺乏足够的理论指导及一定的实践训练，而对未来的教育教学信心不足。再如，从培训方式上看，与"非科班类"新教师相比，"科班类"新教师已经具有一定教育教学理论基础并拥有一定教育教学实践体验，因而更多的课程适合运用小组讨论的形式展开；而"非科班类"新教师因教育教学理论基础明显薄弱且缺乏教育教学实践体验，因而更多的课程适合运用讲授与演练的形式展开。此外，在培训时间上，教育部明确指出，新教师入职培训时间应不少于120学时①，对"非科班类"新教师来说，因他们入职之前缺乏系统师范教育，而在入职教育期间的培训时间应该比"科班类"新教师相对长一些，即"非科班类"新教师受训实践应该明显超过120学时。

---

① 中华人民共和国教育部. 中小学教师继续教育规定. 1999. http://www.moe.edu.cn/srcsite/A02/s5911/moe_621/199909/t19990913_180474.html. 2018-11-19.

（二）增加实践培训比重

从我国当前各级各类教师教育机构实施的教师入职教育实践看，有关新教师入职教育职业期间的培训内容主要有通识类知识、教育教学管理类知识、教师职业道德类知识、教育政策与法规类知识等，其理论性明显偏重，尤其是，集中培训期间开设的一些专家讲座，大多以超前的、理想化的教育教育理论为主。这样的培训内容明显不利于新教师的专业成长。其原因主要在于，新教师普遍缺乏教育教学实践体验，即使"科班类"新教师亦是如此。从教育教学实践看，新教师初登讲台之时遇到的问题大多属于具体的、情景化的问题，新教师拥有再多的理论性知识也不能解决其教育教学实践中遭遇的实际教育教学问题。以"环境"为主题的培训内容被证明能够帮助新教师学会解决一些棘手的问题，如问题学生的管理、如何运用策略让学生集中精力等[1]，因此，各级各类教师教育机构在教师入职教育培训过程中，适当增加实践培训的比重，凸显采用以"特别环境"（context-specific）为主的培训内容，重点关注新教师在其未来任教环境内的各种工作需求，十分必要。此外，针对"非科班类"新教师先期缺乏教育实习环节这一现实，适当安排他们深入教育教学一线岗位进行补偿性教育实习也相对必要。

二、校本入职培训机制

校本培训是指在教育专家的指导下，由学校和教师共同发起与组织，以学校教育教学发展和改革所面临的各种实际问题为中心，充分利用校内外的各种资源，注重教师教、学、研的时空统一，有效实现教师专业发展的培训活动[2]。校本培训包括校本入职培训和校本职后培训两种形式。校本入职培训机制就是通过校本培训的方式对新教师进行入职教育的一种制度形式。值得指出的是，校本入职培训的主体和资源并不局限于学校本身，它的运行也不

---

① Bartlett L，Johnson L S. The evolution of new teacher induction policy：support，specificity，and autonomy. Educational Policy，2010，24（6）：847-871.
② 黄甫全. 新课程中的教师角色与教师培训. 北京：人民教育出版社，2003：174.

局限于在学校内部进行。换言之，校本入职培训的主体可以是本校教师，也可以是非本校教师，入职培训资源可以是本校资源，也可以是外部引入的资源[①]；校本入职培训可以限于本校内部，也可以同时在几所学校之间进行。

（一）校本入职培训的价值

校本入职培训的目标指向明确且内容针对性强。从我国现阶段的情况看，校本入职培训目标是更新初任教师（新教师）的教育理念，提升初任教师的实践水平，促进其理解并掌握课程标准、形成教育教学能力，并尽快促使其融入学校文化，缩短其角色转换期。校本入职培训的内容通常包括校情校史、现代教学理论、现代教学思想、现代教学方法、现代教学模式、班级管理、现代教育技术等。校本入职培训不仅能够有助于提升初任教师的专业素养与专业发展水平，而且能够有助于初任教师迅速了解学校的文化、学校的管理、学校的办学特色、学校的学风等，从而有助于迅速拉近初任教师与学校之间的距离，减少其疏离感，促使其更加迅速地适应并融入学校生活，真正成为学校的一份子。

（二）校本入职培训机制的完善策略

科学、合理的校本入职培训机制能够帮助初任教师更好地适应学校环境、熟悉工作内容、提升专业素养、增进人际关系。遗憾的是，我国目前的校本入职培训机制尚不够成熟，有些学校甚至忽视初任教师的校本入职培训。比如，有些学校的初任教师在参加校本入职培训的同时，担负着与本校非初任教师同等的教学任务，初任教师必然难以同时应对校本入职培训和正常教学任务的双重压力；再如，初任教师的经济压力较大，缺乏相应的缓解措施，导致初任教师不能潜心参加校本入职培训；还如，校本入职培训形式封闭单一，培训实践缺乏必要的理论指导。显然，完善校本入职培训机制势在必行。本书认为，完善校本入职培训机制可从如下方面入手。

① 李娜. 延吉市城市小学初任教师校本入职培训现状研究. 延边大学硕士学位论文，2015：15.

1. 减轻初任教师的工作压力

初任教师在初入职阶段，其角色正经历从学生到教师的转变，一般经历集中培训之后便会参加学校组织的校本入职培训。目前，我国中小学教师数量总体不足，且不少学校出现了较为严重的教师老龄化现象，因而不少学校的初任教师刚一入职便被学校视为本校教育教学工作的中流砥柱。其实，初任教师此时的教育教学经验明显不足、教育教学能力明显有限，很难胜任繁重的教学任务与班级管理工作。然而，在校本入职培训期间，学校往往为初任教师安排的教学课时量及班级管理工作任务，与非初任教师几乎没有区别，使得初任教师面临的工作压力很大。在这样的情势下，初任教师还得抽出相当多的时间观摩名师课堂、聆听专家报告、参加教学比武、讲授公开课等，这些无疑再次给初任教师带来了更大的负担与压力，从而明显导致校本入职培训质量下降。为此，减少初任教师的教学课时与班级管理工作任务，减轻初任教师的工作难度，合理安排校本入职培训时间，为初任教师提供一个宽松的工作环境，是当前校本入职培训机制改革的主要内容之一。

2. 减轻初任教师的经济压力

初任教师走过十多年甚至二十年之久的求学之路后终于踏入社会而谋求到了一份工作，通常希望实现经济上的独立而不再花父母的钱。当前，不少初任教师就职的学校远离自己家乡，住宿成为初任教师急需解决的问题。初任教师的食宿、交通及正常的交友等都需要一定的经济实力作基础，但初任教师入职初期的工资明显较低，无疑给予了他们较大的经济压力，进而造成他们无心参与校本入职培训，其参与培训的效果自然不会理想。为保障初任教师校本入职培训质量，相关部门理当联合初任教师所在的学校尽可能提高初任教师的工作待遇。比如，为解决初任教师的住宿问题，可以为初任教师提供过渡房，当初任教师在该校任教时间达到十年及以上后，将过渡房转移到其名下。这样做，一方面可以解决初任教师的住房需求问题，促使他们潜心参与校本入职培训；另一方面，将过渡房十年后转移到他们名下可以在很大程度上避免他们从该校流失的现象，此乃两全之策。又如，为解决初任教师的交通问题，可以为他们提供一定的交通补贴。

3. 建立联谊性入职培训学校

联谊性入职培训学校的建立方式主要有两种：第一种方式是中小学校与高师院校建立合作共赢的关系。目前，高师院校虽然与中小学校有一定形式与程度的合作，但其主要以培养合格的师范毕业生（职前教师）为目的。而中小学校主要负责初任教师的入职教育，其目的主要是促进初任教师转换角色并提高专业素养。高师院校和中小学校在教师培养上的过度分工而缺乏合作，使得本应一体化的教师培养过程明显断链，严重阻碍了教师的专业发展与专业成长。从理论上讲，一名初任教师要想成为一名合格教师，其不仅应当具备一定的教育教学理论知识，而且必须具备将相应的教育教学理论知识运用于解决具体的教育教学问题的实践能力，即具备一定的教育教学实践能力。在初任教师尚不具备足够的教育教学理论知识，或即使具备足够的教育教学理论知识但缺乏与之相应的教育教学实践能力的当下，广大中小学校为初任教师开展校本入职培训时，可以选择与高师院校开展合作培训，其基本做法是，中小学校和高师院校一起研制校本入职培训方案，高师院校为初任教师的校本入职培训全面提供理论支撑，中小学校为初任教师的校本入职培训全面提供实践条件；第二种方式是中小学校之间建立互惠互利的友好合作。从现实层面看，无论哪所中小学校，其都有各自的办学特色与办学优势，广大中小学校之间建立兄弟学校关系能够促进学校之间的优势互补、特色互启、资源共享。此外，兄弟学校的初任教师之间还可以通过交流合作的形式共同组织教研活动，不仅可以明显提升校本入职培训的成效，而且可以明显促进初任教师的专业成长。

三、导师帮扶机制

导师帮扶机制也叫导师制，是指新教师所在的学校为每一位新教师指派一位或多位有经验的资深教师作为其指导教师，为新教师提供一定的教育教学建议并给予一定程度的相应指导。在新教师入职教育期间实行导师制的目的主要在于，通过新教师经常跟班听经验丰富的优秀教师的各种类型的课，以及和指导教师的日常沟通方式，促进新教师快速适应教师职业、快速掌握教育教学技巧、快速提高科研能力，从而促进新教师真正成长为一名合格教师[①]。导师制的实行，不仅有利于资深的年长教师向新教师有效传授教育教学技能，而且有利于资深的年长教师迅速发现新教师的薄弱点和闪光点，甚至还有利于促进资深的年长教师与新教师之间形成良好的同事关系。显然，从理论上说，导师制是一种十分有效的教师入职教育机制。不过，我国现阶段的导师制尚欠成熟，其主要表现有：一是有些学校并没有落实导师制；二是业已实施导师制的学校明显缺乏针对导师制的明确指导计划与评价标准，且缺乏相应的监督保障机制，使得实践中的导师制具有很大的随意性，且难以保障理想的培训效果。针对当前我国导师制存在的一些现实问题，本书认为，相应的对策可以从如下方面入手。

（一）建立新教师与指导教师双向选择机制

立足教育学的视角不难推断，指导教师本身的人格特质、专业素养及指导水平制约着新教师的专业成长速度与成长水平，显然，对新教师来说，选择一个好的指导教师，对其专业发展与专业成长来说，十分关键。当前，新教师的指导教师往往由学校校长或教务处主任直接委派，具有很大的随意性。学校在指导教师的选择上，通常只是考虑指导教师的教学能力与指导能力等专业素养，很少关注指导教师的人际交往能力与责任感等人格特质，这样单方面为新教师委派指导教师明显难以达到理想效果。其实，学校可以首先通过有关 QQ 群、微信群、校内宣传栏、学校官网等多种渠道分别展示新教师和指导教师的相关信息，如性别、年龄、任教科目、职称、获奖情况等，让新教师和指导教师之间有一定的了解，为彼此双向选择提供基础信息，而后专门为新教师和指导教师安排双向选择会议，充分尊重新教师和指导教师双方的意愿，促使彼此在尽可能相互了解的基础上实行结对帮扶。

---

① 徐红. 新政策背景下中小学专家型教师培养模式研究. 武汉：华中科技大学出版社，2014：190.

（二）建立指导教师专项培训制度

指导教师是否真的具备指导新教师的水平呢？从当前现实看，全国尚无统一遴选指导教师的标准，广大中小学校仅凭经验推选指导教师，因而实际中不少指导教师虽然个人专业水平较高但指导新教师的水平不高。针对这样的现实，本书认为，除了国家层面理应出台遴选指导教师的指导性标准或评选标准，以之指导广大中小学校为新教师遴选指导教师之外，广大中小学校为确保或进一步提高指导教师指导新教师的能力水平，应专门针对全体指导教师进行系统培训。其实，国外早已存在针对新教师的指导教师专门开展培训的先例。比如，为了确保新教师能够得到高水平的指导，美国于 1998 年专门成立了"新教师中心"，该中心成立的主要目的就是便于对新教师的指导教师进行严格的培训。在此值得一提的是，在指导教师的培训内容上，应该涉及成人学习理论、教师评价、教学评价、人际沟通艺术、心理咨询辅导、行动研究、反思研究等方面。

四、自学研修机制

自学研修是新教师自主专业发展的一种方式，即新教师为了促进自身专业发展，适应教育教学改革需要而自主开展的有关教学、教研、德育与班级管理等方面的学习活动。自学研究机制就是新教师在入职教育期间凭借自学研修的方式进行自我培育的一种形式。新教师通过自学研修，不仅能够进一步提升自己对教育事业及教师职业的认识，进一步更新自身已有的教育教学理念，进一步丰富自己已有的知识结构，进一步提升自身的教育教学能力，进一步掌握现代教育技术，进一步提升自身的教科研能力，而且能够提高自身的学术素养与专业人格。新教师自学研修的具体方式很多，如远程研修、读书研习、课题研究、观看名师教学实录、参与教研活动等。自学研修机制尽管是一种有效促进新教师专业发展的入职教育机制，但当下因其尚欠完善而使得新教师的自学研修活动形式有余而实质不足。为有效激励与保障新教师自学研修，有必要从如下两个方面改进当下新教师的自学研修机制。

（一）将入职自学研修成绩与教师职后评职晋升机会挂钩

入职自学研修成绩是指教师在入职期间通过自学研修的方式获得的一些有利于增进教师专业发展的各项成绩。教师职后评职晋升是每一位新教师入职之后都会极力谋求的大事，其主要原因在于：一方面，职称与职务的高低代表着其资历与专业发展水平，另一方面，职称与职务的高低决定着其工资水平与福利待遇的高低。为了有效激励与保障新教师在入职期间能够主动以自学研修的方式提升自身的专业发展水平，可以将新教师入职期间的自学研修成绩与其职后评职晋升机会挂钩。其具体做法是：学校可以以制度形式正式规定，在教师职称评聘及职务晋升工作中，凡在入职期间通过自学研修方式获得的各项与教师专业发展相关的成绩相对突出者，在其他有关评职晋升的条件与他人同等或相当的情况下，享有优先晋升的待遇。值得指出的是，学校在出台此制度前，必须科学、合理地拟定入职期间哪些自学研修成绩与教师专业发展密切相关，并将之以条目或清单的形式具体表述出来。

（二）将入职自学研修成绩与教师资格定期注册制度挂钩

教师资格定期注册制度是一种对教师入职后从教资格的定期核查制度。为进一步完善教师资格制度，健全教师管理机制，促进教师专业发展，建设高素质专业化教师队伍，根据《教师法》、《教师资格条例》和《国家中长期教育改革和发展规划纲要（2010—2020 年)》，2013 年 8 月 15 日，教育部以教师〔2013〕9 号文件印发了《中小学教师资格定期注册暂行办法》。该办法规定，中小学教师资格实行 5 年一周期的定期注册，凡定期注册不合格或逾期不注册的人员，不得从事教育教学工作。本书认为，对新教师来说，若将其入职期间的自学研修成绩与其接下来的教师资格注册联系起来，则必然能大大促进新教师在入职期间自学研修的主动性与积极性，从而提高新教师入职期间自学研修的成绩，继而明显促进新教师专业发展的速度。为了确保新教师入职自学研修成绩与教师资格定期注册制度挂钩的效力，教育行政部门可以以制度形式规定：凡在入职期间缺乏自学研修成绩者，不能通过相应周期的注册审查，且新教师的自学研修成绩可以兑换成其职后的培训学时或学分，自学研修成绩突出者，可以免去一个注册周期内国家规定的 360 个培训学时或省级教育行政部门规定的等量学分。

第三节　专家型教师的职后培育机制

培育教师是一个职前培养、入职教育和职后培训一体化的系统过程。研究表明，教师的专业能力虽然在其入职之前及入职期间便得到了一定程度的发展，但其专业能力在职后发展所占的比重更大一些。为此，探讨专家型教师的职后培育机制十分重要。所谓专家型教师的职后培育机制，是指为促使广大教师职后尽快缩短自己与专家型教师应有专业发展水平之间的差距并快速成长为专家型教师，国家及教育行政部门和学校对职后教师所实施的一系列有助于促进教师职后专业发展的培育机制。从当前现实看，专家型教师职后培训机制很多，其中，"国培计划"机制、校本职后培训机制、政府-高校-中小学（含幼儿园）"三位一体"协同培育机制，是三种比较典型的教师职后培育机制。本节将对此加以着重阐述。

一、"国培计划"机制

为进一步加大"国培计划"对中小学教师职后培育的力度与成效，教育部于 2011 年专门出台了《关于大力加强中小学教师培训工作的意见》[1]，其中明确指出，以"国培计划"为抓手开展大规模的教师培训工作。"国培计划"

---

① 中华人民共和国教育部. 教育部关于大力加强中小学教师培训工作的意见. 2011. http://old.moe.gov.cn//publicfiles/business/htmlfiles/moe/s4559/201101/114220.html. 2018-11-19.

机制是指通过"国培计划"促进教师专业发展的一系列工作方式与制度形式。

国家实施"国培计划"的主要目的，一方面是希望通过进一步提升优秀骨干教师的专业发展水平，以更好地发挥优秀骨干教师的骨干带头作用；另一方面是为了全面提升中小学教师队伍的专业素质，以促进基础教育快速与持续发展。从目前"国培计划"实施成效看，不少参训教师在专业素养的不同层面获得了明显的提高。比如，有研究者的调研结果指出，部分参训教师参加培训后，在教育理念、专业知识、教育学和心理学知识、班主任素养等教师专业素质上有了一定程度的提升①；有研究者的调研结果表明，参训教师在教学设计能力、教学反思能力、信息技术应用能力、校本研修能力、课题研究能力等方面有了一定程度的提升②。尽管如此，"国培计划"仍暴露了一些明显的问题。比如，有研究者指出，因"国培计划"的培训模式与机制尚欠成熟等原因，导致参训教师至今仍然存在较为的突出"工学矛盾"（在任教学校工作和在参训点学习两个方面的矛盾）、培训内容不够丰富、培训方式比较陈旧等问题③；有研究者提出，参训教师个人和基层部门对培训不积极，培训目标、主题、内容上与参训教师需求吻合度不高，培训者配比不均，培训形式上枯燥单一等④。针对"国培计划"实施层面呈现出来的一系列问题，本书认为，要想提升"国培计划"的实施成效，有必要从如下几个方面完善"国培计划"机制。

（一）畅通"国培计划"由上而下的通知传达渠道

现阶段，开展"国培计划"相关培训项目的通知一般是依据国家教育主管部门下发通知到各省（自治区、直辖市）教育主管部门——各省（自治区、直辖市）教育部门将通知传达至其下属县（市、区）教育局—各县（市、区）

---

① 付小倩，李小宁."国培计划"学员培训效果的调查研究. 中小学教师培训，2013，（7）：5-8.

② 马丽娜."国培计划"教师培训效果调查研究——以示范性综合改革项目为例. 陕西师范大学硕士学位论文，2018：34-38.

③ 容中逵."国培"背景下农村教师研训问题研究——基于浙江、河北、四川三省调研情况的分析. 教育发展研究，2014，33（12）：7-10.

④ 马丽娜. 国培计划"教师培训效果调查研究——以示范性综合改革项目为例. 陕西师范大学硕士学位论文，2018：46.

教育局将通知传达到学校（中小学和幼儿园）—学校（中小学和幼儿园）选派参训教师的方式自上而下逐步传达。现实中，因相关培训项目的通知由上至下经过的层级较多，传达渠道不够畅通，相关通知难以及时下达到学校（中小学和幼儿园），学校（中小学和幼儿园）也难以及时遴选出相应的教师参加培训，导致不同培训点在集中面授阶段均存在参训教师（学员）或多或少姗姗来迟的现象。为此，建立国家教育主管部门、各省（自治区、直辖市）教育主管部门和各县（市、区）教育局三级垂直管理"国培计划"的专门机构，并精简相关通知下达过程中某些不必要的审批流程及相应环节，十分关键。

（二）引导学校做好校内教师机动顶岗工作机制

针对有些参训教师因面临"工学"矛盾的冲突而无法安心参与培训的现实问题，各县（市、区）教育局有必要逐年引导其所辖各学校（中小学、幼儿园）为应对各自所选派的参训教师可能面临的"工学"矛盾而在本校提前做好校内教师机动顶岗工作。只有这样，才能让参训教师安心参加相关项目的全程培训。

（三）建立合理和稳定的"国培计划"项目培训师资队伍

目前，很多"国培计划"项目是在地方高校实施的，从实施"国培计划"的师资看，一方面，多数作为培训主体的培训教师来自实施"国培计划"的相应地方高校，而来自该地方高校之外的培训教师和来自中小学校（幼儿园）的优秀教师相对较少；另一方面，实施"国培计划"项目的各地方高校并无与"国培计划"项目相应的专门培训教师，其培训师资通常由本校教师和外聘教师（含中小学校和幼儿园的一线优秀教师）临时组成，所有这些培训教师之间事先并未相互充分沟通培训内容和培训形式，因而他们的培训内容和培训形式并未产生关联和形成合力。为统一培训理念、提高培训成效，有必要注重培训师资的来源结构及相对的稳定性。

（四）完善"国培计划"项目培训模式

"国培计划"项目尽管已经实施了近十年，但其相应的培训模式仍然不够成熟，除了上述作为培训主体的培训师资队伍缺乏合理的来源结构及尚不够稳定外，其培训内容、培训形式及培训管理等均有待进一步完善。针对培训实践中暴露出来的系列问题，本书认为，在培训内容上，尽可能针对参训教师的现实需求开设相应的课程，在注重共性需求和关注普遍问题的基础上，尽量照顾不同层次、不同个性的参训教师个体的需求；在培训形式上，通过创新授课方式，尽可能让参训教师成为培训课堂的主体，激发参训教师主动性与积极性，为参训教师与授课教师（培训教师）获得更多交流与探讨的机会；在培训管理上，一是各学校应该实事求是地严格遴选参训教师且将参训教师在参训期间的各项表现及最后的培训成效与评职晋升挂钩，二是各培训机构严格培训期间的考勤，三是组织第三方评价机构按照一定的标准评价全体参训教师的培训成效。

二、校本职后培训机制

教师校本职后培训属于教师校本培训的一种形式，它是为了进一步提升教师入职之后的专业发展水平及学校的教育教学质量，由教师所在学校发起，立足本校实情开展的一种培训形式。校本职后培训机制就是通过校本职后培训的形式对入职之后的教师进行在职培训的一种工作方式与制度形式。校本职后培训不同于"国培计划"之类的政府主导的培训项目，它是一种"因校制宜"的培训形式，能够充分考虑各所学校的办学条件、办学特色与未来发展，能够迎合各所学校的现实需要与未来需要。显然，校本职后培训是"国培计划"之类的政府主导的培训的有效补充，对广大农村中小学来说，更应在"国培计划"之类项目的基础上开展以本校为主体的校本职后培训，以进一步提升教师职后培训的针对性与有效性。

当前，校本职后培训的方式主要有：组织教师集体备课、组织教师观摩听课、组织教师相互评课、选派教师外出研习、组织教师聆听专家讲座、组织教师开展项目合作、引导教师自我反思、激发教师自主研习等。校本职后培训在促使本校教师之间相互交流、相互合作、共同提高，以及促进教师学会教学反思、学会改进教学、学会校本教研等方面无疑都取得了一定的成效，但其实际成效往往达不到预期。其原因虽然很多，但归结起来主要有：校长重视程度不够、培训内容过于随意、培训缺乏评估与监督等。为增进教师校本职后培训的有效性，本书认为，可以从制度保障、文化保障两个方面进一步改革现有的校本职后培训机制。

（一）完善校本职后培训制度保障机制

校本职后培训制度保障机制是指，在教师校本职后培训过程中，为保障培训成效而实施的一系列制度。改革校本职后培训制度保障机制的措施主要有四个。一是规范相应的管理制度。在每学期末，由学校统一召开教职工大会，在虚心听取全校教师意见的基础上，拟定下一学期的校本职后培训计划，并安排专人负责对教师在职后培训期间的出勤情况，以及日常表现和中期考核成绩等进行管理。二是设立奖惩分明的激励制度。学校每学期对教师校本职后培训绩效进行考核评分，并在此基础上选出先进教师个人、先进教研组、先进教研团队等，在教师节期间给予一定的物质奖励和精神奖励，同时，对在职后培训期间表现极差的教师，取消其年度评优评先及评职晋升资格。三是构建"三级评估制度"。为进一步提高校本职后培训的成效，将校本职后培训工作纳入县（市、区）党政领导政绩考核指标[1]，建立县（市、区）-乡镇-学校三级评估体系。每学期末，先由学校对教师的年度发展情况进行逐一检查评估，再由乡镇教育组对各学校的校本职后培训情况作专项评估检查，最后由县（市、区）教育局对各乡镇校本职后培训年度情况进行专项评估[2]。四是建立"多校联培"的校本职后培训制度。各所学校之间可以打破传统上参加职后培训的教师不能在他校参加培训的格局，建立校与校之间的结对培训，

---

① 肖成全,周新. 中小学教师培训方案的有效设计与有效实施策略例谈. 中小学教师培训,2010,(3):17-19.
② 马冉冉. 农村学校校本培训实施的问题及其对策. 中国农村教育，2007，(3)：41-42.

让不同学校的同一学科教师在培训中结对，以之更好地提高校本职后培训质量。

（二）完善校本职后培训文化保障机制

校本职后培训文化保障机制是指，学校通过文化的形式保障教师校本职后培训成效的一系列工作方式。行之有效的做法有：其一，加强学习型校园文化建设。学校要想方设法营造　种热爱学习、支持学习的氛围，且学校领导要以身作则、带头学习；其二，开展丰富多彩的校园文化活动。学校可以根据本校实际，组织本校师生开展主题多样的校园文化活动，以之丰富师生的课余生活、陶冶师生情操、提升师生的文化修养以及欣赏美、鉴赏美、探索美的能力。

三、"G-U-S"三位一体协同培育机制

"G-U-S"三位一体的协同培育机制是指，政府-高校-中小学（含幼儿园）协同培育教师的一种制度形式与工作方式。2014 年 8 月，教育部出台了《关于实施卓越教师培养计划的意见》（以下简称《意见》），其中指出，"大力提高教师培养质量成为我国教师教育改革发展最核心最紧迫的任务"，教师教育必须"主动适应国家经济社会发展和教育改革发展的总体要求"，"针对教师培养的薄弱环节和深层次问题，深化教师培养模式改革，建立高校与地方政府、中小学'三位一体'协同培养新机制"[①]。"G-U-S"三位一体协同培育机制的实施目的，是造就一大批具有扎实知识、突出技能、高尚品德、优良作风的高素质的专业化教师。从这一协同育人机制的运行现状看，目前人们对它的关注主要限于教师的职前培养环节，很少关注它在教师职后培训环节中的运行问题。其实，从教师专业发展的一体化视角看，重视"G-U-S"三位一体的协同培育机制在教师职后培训环节中的运行问题同样重要。为此，本书

---

① 中华人民共和国教育部. 教育部关于实施卓越教师培养计划 2.0 的意见. 2018. http://www.moe.edu.cn/srcsite/A10/s7011/201810/t20181010_350998.html.［2018-11-19］

在此专门针对教师职后培训环节谈谈几点有关完善该协同育人机制的建议。

（一）地方政府、高校、中小学共同拟定教师校本职后培训方案

在教育部出台《关于实施卓越教师培养计划的意见》之前，中小学教师（含幼儿园教师）的校本职后培训方案基本上都是教师各自所在的中小学（幼儿园）自行确定，这种职后培训方案一般是建立在该校具体实际基础上的，显然具有一定的合理性。但是，从教师自身专业发展的视角看，相应的培训方案明显具有一定的局限性。为最大限度促进教师职后的专业发展，从"G-U-S"三位一体的协同培育教师的立场看，理应由政府、高校和中小学共同拟定教师校本职后培训方案，包括职后培训目标、职后培训内容（含职后培训课程的理论教学大纲和实践教学大纲）、职后培训形式、职后培训管理等。值得指出的是，政府、高校和中小学在职后培训管理过程中务必精诚合作且各司其职。

（二）成立教师教育师资共同体

教师职后培训师资主要由高校教师和中小学一线教师组成，为了促进高校教师和中小学一线教师之间的相互认识与理解，以之共同合作有效促进职后教师的专业发展，从"G-U-S"三位一体的协同培育教师的立场看，政府理应出面组织并协调好高校教师挂职中小学校和中小学校教师挂职高校的合作互动机制，形成教师教育师资共同体。

（三）建立教育资源共享机制

从现实看，高校的教育资源一般优于中小学校（含幼儿园），从"G-U-S"三位一体的协同培育教师的立场看，高校理应向中小学校开放图书馆、资料室、实验室及其他教育资源，以便给中小学教师提供便利的自主学习条件。此外，高校还应充分利用自己的智慧教室、微格实训室等实践教学平台为中小学教师服务。

参 考 文 献

保罗·郎格朗. 1988. 终身教育导论. 滕星, 等, 译. 北京：华夏出版社.

蔡春. 2006. 个人知识：教育实现"转识成智"的关键. 教育研究, (1)：10-15.

蔡岳建, 谭小宏, 阮昆良. 2006. 教师人格研究：回顾与展望. 西南师范大学学报（人文社会科学版）, (6)：15-18.

仓道来, 田醒民. 1998. 人格美的塑造. 北京：北京大学出版社.

曹文彪. 2005. 专家与学者——关于两类知识分子的一项社会文化考察. 学术研究, （12）：5-13.

柴生秦. 1995. 什么是知识？——盖梯尔反例评析. 西北大学学报（哲学社会科学版）, （4）：26-30.

陈大伟. 2009. 教育科研与教师成长. 上海：华东师范大学出版社.

陈桂生. 2003. "专家型教师"辨析. 教育学术月刊, （4）：6-7.

陈时见. 2006. 论新时期教师培养模式改革. 教师教育学报, （2）：212-215.

陈时见, 谭建川. 2011. 中小学初任教师入职教育的国际比较——侧重发达国家的主要经验与发展趋势. 重庆：西南师范大学出版社.

陈向明. 2003. 实践性知识：教师专业发展的知识基础. 北京大学教育评论, （1）：104-112.

陈永明. 2012. 教师教育学. 北京：北京大学出版社.

陈佑清. 2007. "师本课程"简论. 湖北教育（教育教学）, （1）：4-5.

代蕊华. 2011. 教师专业发展与校本培训. 北京：教育科学出版社.

笛科勒. 2009. 未来之路——新教师入职教育. 朱晓燕, 等, 译. 北京：北京师范大学出版社.

第斯多惠. 1990. 德国教师培养指南. 袁一安, 译. 北京：人民教育出版社.

丁俊华, 李泽宇. 2007. 我国农村中小学教师培训问题与对策探究. 教育理论与实践, （16）：54-56.

丁林兴. 2004. 专家型教师与教师专业意识的自我觉醒. 中小学教师培训, （9）：3-6.

丁月. 2013. 教师合作学习存在的问题与对策. 现代教育科学, （8）：67-68.

董泽芳. 2012. 高校人才培养模式的概念界定与要素解析. 大学教育科学, （3）：30-36.

冯契. 1992. 哲学大辞典. 上海：上海辞书出版社.

傅树京. 2003. 中小学促进教师专业发展的理念. 当代教育科学, （7）：39-40.

傅玉蓉. 2003. 论教师校本培训模式的构建. 西南师范大学学报（人文社会科学版）, （5）：94-97.

高忠明, 郭晓琴. 2005. 反思性教学——反思（专家）型教师的成长之路. 河北科技师范学院学报（社会科学版）, （2）：76-79.

郭元祥，杨钦芬，余娟. 2008. 教师即课程：意蕴与条件. 教育研究与实验，（6）：1-7.

国际 21 世纪教育委员会. 1998. 学习——内在的财富. 北京：教育科学出版社.

何菊玲. 2009. 教师教育范式研究. 北京：教育科学出版社.

何齐宗. 2008. 教育的新时代——终身教育的理论与实践. 北京：人民出版社.

胡惠闵. 2007. 教师专业素质的认识：基于学校管理者的角度. 当代教育科学，（10）：28-30.

胡谊. 2008. 成长的阶梯——成为专家教师之路. 上海：华东师范大学出版社.

胡中锋. 2008. 教育评价学. 北京：中国人民大学出版社.

扈中平. 2000. 现代教育理论. 北京：高等教育出版社.

黄光杨. 2012. 教育测量与评价. 上海：华东师范大学出版社.

黄瑞，罗明东. 2005. 我国中小学综合课教师培养模式探讨. 教师教育研究，（3）：14-19.

黄希庭. 1991. 心理学导论. 北京：人民教育出版社.

贾腊生. 2005. 校本教研实施与教师专业发展. 北京：国家行政学院出版社.

教育部师范教育司. 2003. 教师专业化的理论与实践. 北京：人民教育出版社.

教育部师范教育司. 2009. 创新教师培养模式，提高教师教育质量——全国师范大学联席会
    议文集. 北京：高等教育出版社.

金忠明. 2008. 教师教育的历史、理论与实践. 上海：上海教育出版社.

靳希斌. 2009. 教师教育模式研究. 北京：北京师范大学出版社.

靳玉乐. 2006. 反思教学. 成都：四川教育出版社.

靖国平，鲁子问. 2010. 好教师成长中的问题与对策. 长春：东北师范大学出版社.

鞠献利. 1999. 教师素质论. 济南：山东教育出版社.

赖学军. 2004. 优秀教师概念的科学内涵与外延. 教育评论，（4）：55-58.

李崇爱，万成. 2006. 教师专业化背景下的教师继续教育：理念、目标、模式. 现代教育科
    学，（11）：5-7+108.

李大鹏，黄志梅. 2006. 中小学教师在职培训模式研究——基于利益关系人的分析. 教育发
    展研究，（8）：18-21.

李方，刘晓玲. 2005. 新课程实施与高师教育类课程变革. 课程·教材·教法，（6）：75-80.

李化树. 2006. 论校本教育研究. 中国教育学刊，（2）：66-69.

李骏骑，李春燕，李峻巍. 2005. 关于教师专业发展中的主体性思考. 教育理论与实践，
    （18）：33-34.

李森，崔友兴. 2015. 新型城镇化进程中乡村教师专业发展现状调查研究——基于对川、滇、
    黔、渝四省市的实证分析. 教育研究，（7）：98-107.

李森. 2004. 教师培训制度创新与基础教育课程改革. 教育研究，（7）：80-81.

李树栋. 2007. 中小学教师继续教育模式：研究与实践. 长春：东北师范大学出版社.

李旭，李静. 2012. 基于"自我指导学习理论"的农村中小学教师职后培训模式. 继续教育
    研究，（4）：111-113

李泽宇，冯丽. 2008. 中小学教师培训中存在的问题与对策探究. 中小学教师培训，（11）：

60-62.

李政云, 尹甜甜. 2010. 澳大利亚新教师入职教育措施及其特点分析. 湖南师范大学教育科学学报, (3): 76-78.

李祚山. 2005. 教师素质结构的内隐观研究. 教育探索, (9): 107-109.

栗洪武. 2008. 变革教师培训模式 推进教师教育转型. 当代教师教育, (1): 20-24.

连榕. 2008. 教师职业生涯发展. 北京: 中国轻工业出版社.

联合国教科文组织国际教育发展委员会. 1996. 学会生存——教育世界的今天和明天. 北京: 教育科学出版社.

林崇德. 1999. 教育的智慧——写给中小学教师. 北京: 开明出版社.

林崇德, 申继亮. 1999. 教师素质论纲. 北京: 华艺出版社.

林崇德, 杨治良, 黄希庭. 2003. 心理学大辞典. 上海: 上海教育出版社.

林润之. 2007. 构建教师专业发展共同体 提高教师专业化发展水平. 教育理论与实践, (10): 29-30.

刘和忠. 2004. 高师院校教师培养模式改革探讨. 中国高等教育, (Z2): 36-38.

刘婕. 2002. 专业化: 挑战21世纪的教师. 北京: 教育科学出版社.

刘明霞, 李森. 2008. 国外新教师入职教育及其对我国的启示. 教师教育研究, (3): 77-80.

刘献君, 吴洪富. 2009. 人才培养模式改革的内涵、制约与出路. 中国高等教育, (12): 10-13.

卢乃桂, 操太圣. 2012. 中国教师专业发展与变迁. 北京: 教育科学出版社.

卢乃桂, 钟亚妮. 2006. 国际视野中的教师专业发展. 比较教育研究, (2): 71-76.

卢乃桂, 钟亚妮. 2007. 教师专业发展理论基础的探讨. 教育研究, (3): 17-22.

卢真金. 2007. 教师专业发展的阶段、模式、策略再探. 课程. 教材. 教法, (12): 68-74.

罗明东, 陈瑶, 牛亚凡. 2008. 现代教师教育模式新探索——民族边疆地区"综合型"教师培养模式的理论与实践. 北京: 科学出版社.

骆伯巍. 1996. 教师的基本条件与心理健康的关系. 教育评论, (5): 20-22.

马云鹏, 解书, 赵冬臣. 2008. 小学教育本科专业培养模式探究. 高等教育研究, (4): 73-78.

孟万金. 2004. 教师的专业素质及其立体架构: 校长的视角. 高等教育研究, (6): 57-62.

明庆华, 程斯辉. 2004. 论作为"人"的教师. 课程·教材·教法, (11): 83-86.

母小勇, 杨志卿. 2017. 大学的"扬弃": 回到"人"及其发展. 教师教育研究, (2): 1-7.

曲铁华, 于萍. 2018. 改革开放40年教师教育改革与未来展望. 教育研究, (9): 36-44.

饶从满, 杨秀玉, 邓涛. 2005. 教师专业发展. 长春: 东北师范大学出版社.

饶见维. 1996. 教师专业发展: 理论与时务. 台北: 五南图书出版股份有限公司.

任学印, 孙启林. 2004. 教学指导: 促进初任教师专业发展的有效途径. 外国教育研究, (8): 56-59.

任学印, 索桂芳. 2006. 初任教师专业发展需求探析. 外国教育研究, (10): 52-54.

单中惠. 2010. 教师专业发展的国际比较. 北京: 教育科学出版社.

邵宝祥, 王金保. 1999. 中小学教师继续教育基本模式的理论与实践. 北京: 北京教育出版社.

申继亮. 2006. 新世纪教师角色重塑：教师发展之本. 北京：北京师范大学出版社.

石阳. 2010."80 后"教师职后培训模式初探. 天津师范大学学报（基础教育版），（3）：59-61.

石中英. 2006. 论教育实践的逻辑. 教育研究，（1）：3-9.

舒悦. 2014. 基于学习共同体的中小学组织文化变革探讨. 中国教育学刊，（9）：38-43.

宋改敏. 2011. 教师专业成长的学校生态环境. 重庆：重庆大学出版社.

宋萑. 2015. 教师专业发展共同体研究. 北京：北京师范大学出版社.

苏霍姆林斯基. 2006. 给教师的建议. 杜殿坤，译. 北京：教育科学出版社.

孙德芳，林正范. 2014. 农村教师的生存发展现状及政策建议. 教师教育研究，（6）：40-46.

谭兆敏，段作章. 2006. 国外教师在职培训模式的比较研究与启示. 继续教育研究，（1）：
　　75-79.

唐玉光. 2008. 教师专业发展与教师教育. 合肥：安徽教育出版社.

汪波. 2001. 教师素质结构主要因素的研究. 教育理论与实践，（4）：37-40.

汪明帅，郑秋香. 2016. 从"边缘人"走向"传承者"——回归乡土的乡村教师发展研究. 教
　　育发展研究，（8）：13-19.

王斌华. 1998. 发展性教师评价制度. 上海：华东师范大学出版社.

王昌善，张希希. 2009. 变革与反思：对我国教师教育培养新模式的检视. 课程·教材·教
　　法，（1）：72-77.

王恩惠. 2009. 教学反思的失真及回归本真路径. 中国教育学刊，（3）：67-69.

王观凤. 1999. 现代中小学教师管理的比较研究. 全球教育展望，（1）：68-75.

王后雄，王世存. 2011. 专家型教师学科教学认知结构探析. 中国教育学刊，（4）：56-58.

王鉴. 2018. 课堂志：作为教学研究的方法论与方法. 教育研究，（9）：122-132.

王凯. 2010. 教师学习的生态转向及其特征. 教育研究，（11）：83-87.

王少非. 2005. 新课程背景下的教师专业发展. 上海：华东师范大学出版社.

王少非. 2006. 新教师入职教育：国际经验及其启示. 全球教育展望，（1）：62-66.

王淑芹，金晓莉. 2011. 教师教育人才培养新探索. 北京：北京师范大学出版社.

王坦. 2002. 合作学习的理念与实施. 北京：中国人事出版社.

王维荣，约瑟夫·布朗. 1999. 美加等国教师职业道德教育的特点. 教育科学，（3）：56-58.

王卫华. 2010. 教师在教育研究中的地位变迁及展望. 教师教育研究，（4）：19-24.

王艳玲. 2011. 教师教育课程论. 上海：华东师范大学出版社.

王卓，杨建云. 2004. 教师专业素质内涵新诠释. 教育科学，（5）：51-53.

王作亮，付荣超. 2010. 建构乡村学校学习共同体. 北京：光明日报出版社.

魏会廷. 2014. 教师学习共同体：促进教师专业发展的新途径. 武汉：武汉大学出版社.

吴伦敦. 2005. 教师专业发展导论. 武汉：华中师范大学出版社.

吴全华. 2001. 意义与问题——对我国教师资格制度的解读. 华南师范大学学报（社会科学
　　版），（4）：90-93+144.

吴全华. 2016. 论师爱作用的有限性——兼析"没有爱, 就没有教育". 当代教育科学,（18）：8-11.

吴遵民. 1999. 现代国际终身教育论. 上海：上海教育出版社.

吴遵民. 2002. 关于现代国际终身教育理论发展现状的研究. 华东师范大学学报（教育科学版），（3）：92-99.

夏人青. 1998. 发达国家师范教育改革与发展的趋势. 高等教育研究，（4）：95-98.

向纯武. 2004. 论新课程与中小学教师培训. 湖南师范大学教育科学学报，（2）：118-120.

肖川. 2001. 论教师的专业成熟及其途径. 高等师范教育研究，（4）：48-53.

谢安邦，朱宇波. 2007. 教师培养模式的构建与完善. 教育发展研究，（Z1）：74-77.

谢建平. 2007. 高师院校应重视师范生"说课"能力的培养. 教育探索，（11）：72-73.

徐红，董泽芳. 2011. 批判与超越："专家型教师"概念再探析. 教育科学，（1）：61-66.

徐魁鸿. 2011. 我国师范大学教师培养模式的现状、问题及成因分析. 当代教师教育，（1）：15-18.

许立新，薛建茹. 2004. 从美国教师专业发展学校标准看世界教师教育的发展趋势. 世界教育信息，（5）：57-59.

薛二勇. 2010. 论教育公平发展的三个基本问题. 教育研究，（10）：24-32.

薛继红. 2015. 从制度的功能与变迁谈中小学教师培训制度的功能缺失. 教育理论与实践，（1）：39-43.

荀渊. 2004. 教师教育一体化改革的回顾与反思. 教师教育研究，（4）：8-12.

杨骞. 2001. 教师：从教材处理到课程开发. 辽宁教育研究，（9）：56-57.

杨秀玉，任辉. 2015. 实习教师的实践性知识及其生成路径探析——基于国外学者的研究. 外国教育研究，（8）：52-59.

杨秀玉. 1999. 教师发展阶段论综述. 外国教育研究，（6）：36-41.

叶菊艳. 2014. 从"学校人"到"专业人"：教师流动与教育变革实现的源动力. 全球教育展望，（2）：82-94.

叶澜. 1998. 新世纪教师专业素养初探. 教育研究与实验，（1）：41-46.

叶澜，白益民，王枬，等. 2001. 教师角色与教师发展新探. 北京：教育科学出版社.

叶丽新. 2011. 解析教师培训中的三个基本问题——"国培计划"培训者团队研修项目实施反思. 全球教育展望，（7）：60-66.

余文森. 2007. 教育博客：教师专业成长的航程. 福州：福建教育出版社.

俞国良，罗晓路. 2000. 教师教学效能感及其相关因素研究. 北京师范大学学报：社会科学版，（1）：72-79.

袁霞. 2008. 教师资格认证的中外比较. 教育前沿：综合版，（7）：16-18.

袁振国. 2004. 当代教育学. 北京：教育科学出版社.

约翰·杜威. 2005. 学校与社会：明日之学校. 赵祥麟，任钟印，吴志宏，译. 北京：人民教育出版社.

张斌贤. 2005. 教师培养模式改革若干问题的思考. 教育研究, (12): 19-24.

张二庆, 王秀红. 2012. 我国教师培训中存在的主要问题及其分析——以"国培计划"为例. 湖南师范大学教育科学学报, (4): 36-39.

张金福, 薛天祥. 2002. 论目前我国教师教育培养模式的认识取向——兼评我国当前教师教育政策. 高等教育研究, (6), 61-65.

张景斌, 朱洪翠. 2015. U-S 教师教育共同体运行机制的四维构建——基于复杂性理论的视角. 教师教育研究, (3): 1-6.

张涛. 2004. 论教师心理健康的维护. 教育探索, (7): 112-114.

张涛. 2016. 乡村教师互助式校本研修共同体创新实践研究. 课程·教材·教法, (11): 101-106.

张婉莉. 2015. 从教师反思透视合作学习的教师专业发展路径. 教育研究与实验, (5): 89-96.

赵洪海. 1996. 面向 21 世纪中小学素质教育论纲. 济南: 山东教育出版社.

赵健. 2008. 学习共同体的建构. 上海: 上海教育出版社.

赵祥麟, 王承绪. 2006. 杜威教育名篇. 北京: 教育科学出版社.

郑百伟. 2009 教师继续教育模式研究与探索. 北京: 中国人民大学出版社.

郑希付. 2003. 健康心理学. 上海: 华东师范大学出版社.

郑友训 2006. 教师教育一体化课程建构的理论与实践. 课程·教材·教法, (6): 71-76.

钟启泉. 2001. 教师"专业化": 理念、制度、课题. 教育研究, (12): 12-16.

周华青. 2015. 农村教师幸福感及其获得策略. 教育发展研究, (6): 74-79.

周建达, 林崇德. 1994. 教师素质的心理学研究. 心理发展与教育, (1): 32-37.

朱慕菊. 2004. 走进新课程——与课程实施者对话. 北京: 北京师范大学出版社.

朱仁宝, 王荣德. 2001. 21 世纪教师素质修养. 杭州: 浙江大学出版社.

朱旭东. 2011. 教师专业发展理论研究. 北京: 北京师范大学出版社.

朱旭东. 2011. 论我国农村教师培训系统的重建. 教师教育研究 (6): 1-8.

朱旭东. 2018. 当前我国教师队伍建设面临的问题刍议. 教育发展研究, (18): 3.

朱旭东, 周钧. 2007. 教师专业发展研究述评. 中国教育学刊, (1): 68-73.

F. 迈克尔·康纳利, D. 琼·克兰迪宁. 2004. 教师成为课程研究者——经验叙事. 刘良华, 邝红军, 译. 杭州: 浙江教育出版社.

Abdalhaqq I. 1998. Professional Development Schools: Weighing the Evidence. Thousand Oaks, CA: Corwin Press: 45.

Bokro H, Putnam R T. 1996. Learning to teach. In: Calfee R & Berliner D. Handbook of Education Psychology. New York: Macmillan Library Reference: 673-708.

Carter K, Cushing K, Sabers K, et al. 1988. Expert-novice differences in perceiving and processing visual classroom information. Journal of Teacher Education, 39 (3): 25-31.

Chen W. 2002. Description of an expert teacher's constructivist-oriented teaching: Engaging students' critical thinking in learning creative dance. Research quarterly for exercise and sport, 72 (4): 366-375.

Ference T P, Stoner J A, Warren E K. 1977. Managing the career plateau. Academy of Management Review, 2 (4): 602-604.

Fessler R, Christensen J C. 1992. The Teacher Career Cycle: Understanding and Guiding the Professional Development of Teachers. Boston: Allyn & Bacon.

Hacktt R K, Lapierre L M. 2001. Understanding the links between work commitment constructs. Journal of Vocational Behavior, 58 (3): 392-413.

Kagan D M, Tippins D J. 1992. How U S teacher (read) classroom performances. Journal of Education for Teaching, 18 (2): 149-158.

Lampert M. 1985. How do teachers manage to teach? Perspectives on problems in practice. Harvard Educatinoal Review, 55 (2): 838-845.

Leinhardt G. 1983. Novice and expert knowledge of individual student of individual student's achievement. Educational Psychologist, 18 (3): 165-179.

Pajares M F. 1992. Teachers' beliefs and educational research: Cleaning up a messy construct. Review of Educational Research, 62 (3): 307-332.

Palmer D J, Stough L M, Burdenski T K, et al. 2005. Identifying teacher expertise: An examination of researchers' decision making. Educational Psychologist., 40 (1): 13-25.

Shavelsno R J, Stern P. 1981. Research on teachers' pedagogical thoughts, judgments, decisions and behavior. Review of Educational Research, 51 (4): 455-498.

Tremblay M, Roger A. 1993. Individual, familial and organizational determinants of career plateau: An empirical study of the determinants of objective and subjective career plateau in a population of Canadian managers. Group & Organization Management, 18 (4): 411.

Wilson S M. 2005. Peering at history through different lenses: The role of disciplinary perspectives in teaching history. Teachers College Record, 89 (4): 525-539.

Yinger R J. 1980. A study of teacher planning. The Elementary School Journal, 80 (3): 21.

后　记

　　本书是笔者在多年前完成的博士学位论文《新政策背景下专家型教师素质与行为标准研究》，以及前期出版的著作《专家型教师培养标准研究》和《新政策背景下中小学专家型教师培养模式研究》的基础上，专门针对专家型教师成长与培育问题展开研究的最终成果。

　　之所以开展"专家型教师成长规律与培育机制"研究，与笔者长期关注我国教师教育现实尤其是教师生存与发展现实直接相关。教育兴邦，教师为基。在教育的重大价值日益凸显的当今时代，作为教育第一资源的教师，其不可或缺的重要作用已为人们普遍认同与接受。为了进一步全面提升教育质量，党和国家近年来对专业化的教师队伍建设提出了明确的要求。如何建设专业化的教师队伍？这其中显然涉及一个专家型教师培育的问题。理论上讲，要有效培育专家型教师，必先明了专家型教师的成长规律。这即本书选题的首要缘起。当然，本书的选题定为"专家型教师成长规律与培育机制"还有两大缘由。其一，专家型教师代表着教师专业化的最高水平，是教师专业发展的最高阶段，无疑是有效保障教育质量的基石。在教师专业化的国际浪潮下，人们急切期盼社会迅速涌现越来越多的专家型教师。遗憾的是，专家型教师并未如愿大批出现，人们普遍对专家型教师成长规律的认识缺乏全面而深入的认识。尤其是在教师教育现实中，各级各类教师培养机构缺乏对专家型教师成长规律的清晰认识，其在培养专家型教师的实践过程中虽煞费苦心、费尽周折，但相应的培养成效不佳。其二，近年来，为加快专业化教师队伍的建设步伐与力度，党和国家出台了诸如"师范生免费教育政策"（师范生公费教育政策）、"乡村教师支持计划"、"特岗教师政策"、"国培计划"、"教师交流制度"等政策。客观上讲，这些政策的实施在某种程度上的确缓解或补充了教师队伍在数量上的不足，并在一定程度上提升了教师队伍的质量。但总体上看，这些政策在实施过程中，因缺乏科学的专家型教师培育机制作为激励、约束和保障，而在现实实施过程中难以全面落实或有效落实。毋庸置疑，这些问题的解决，必然要仰赖全面掌握专家型教师成长规律及科学构建符合国情的专家型教师培育机制。

本书之所以能够正式出版，首先要感谢我的导师董泽芳先生。一是因为在先前攻读博士学位期间，董泽芳先生便基于我的学术基础与学术兴趣，建议我以"专家型教师系列问题"作为我未来学术研究实践的主要研究领域。二是董泽芳先生在我前期相关研究的整体设计上给予了诸多实质性的指导。三是在相关研究过程中，董泽芳先生直接给予了诸多实质性的帮助及精神性的激励、鞭策与安慰。在某种程度上讲，没有董泽芳先生的引导、指导、帮助、激励、鞭策与安慰，本书可能难以问世。其次要感谢我的诸多同门师兄弟姐妹，他们在我前期研究的过程中，不仅帮我收集了大量数据，而且帮我整理了诸多杂乱数据。由于其中涉及的同门师兄弟姐妹人数众多，在此不便逐一指出。再次要感谢所有帮我前往访谈现场收集第一手资料的硕士研究生，尤其是我本人指导的 2017 级和 2018 级硕士研究生。在我撰写本书的过程中，他们帮忙做了大量的资料整理与文字校对工作。最后还要感谢科学出版社的各位编辑。本书原计划 2017 年初交稿，但由于我手头事务繁多，加之期间身体欠佳，一直拖延到 2018 年 8 月底才正式交稿。感谢科学出版社的朱丽娜编辑和刘曹芃编辑，从该书出版合同签订之日起，她们便一直与我保持相应联系。三年来，她们不仅经常不厌其烦地询问我的书稿撰写之进展，及时提醒我正式定稿的注意事宜。没有朱丽娜编辑和刘曹芃编辑的一再关心与关注，本书恐怕迄今难以完成。

徐　红

2018 年 11 月 20 日